MIND HACKING

3 in 1 - Come hackerare la mente delle persone come un mentalista, leggere i comportamenti della gente e manipolare anche i tipi più difficili senza essere un esperto di psicologia

Di

Edoardo Beltrame

PERSUASIONE

Come usare le più potenti tecniche di manipolazione mentale per convincere le persone e farti dire di sì anche se hai torto… A tuo rischio e pericolo!

Di

Edoardo Beltrame

Indice

1. Come influenzare le decisioni degli altri

1.1 Perché è importante

Quando si parla di **manipolazione mentale** o di **tecniche per influenzare le decisioni altrui**, molto spesso alle persone vengono in mente chissà quali attività malvagie.

La realtà è che non si tratta assolutamente di magia nera o cose simili, ma solamente dello studio dei comportamenti umani, a cui seguono alcune semplici **tecniche di persuasione**.

Insinuare che il tentativo di influenzare le scelte altrui e le rispettive tecniche di manipolazione sia qualcosa di malvagio, capace di convincere le persone a compiere azioni che altrimenti non farebbero, è sicuramente una definizione fuorviante.

Studiando la realtà dei fatti, invece, emerge come l'influenza di un individuo (o di un gruppo di individui) su un'altra persona è sempre esistita nella società umana.

Prova a ragionarci sopra.

Ti risulterà evidente e facile da comprendere come ogni nostra scelta sia sempre influenzata da una grande quantità di fattori, che siano questi dettati da necessità, gusto o marketing.

Ad esempio, sceglierò di comprarmi un computer più potente perché sono influenzato dalla necessità di eseguire operazioni più complesse; sceglierò di acquistare una particolare bibita piuttosto che un'altra perché mi piace di più; comprerò un paio di scarpe sportive perché il testimonial della pubblicità è il mio calciatore preferito.

Gli esempi di influenze di qualsiasi tipo, che ogni giorno sono in grado di condizionare ogni nostra scelta, sono infiniti.

Per riuscire ad essere competitivi in un mondo e in una società del genere è necessario comprendere queste influenze ed utilizzarle a proprio favore, sia nella vita di tutti i giorni che in quella prettamente professionale.

Al giorno d'oggi, in particolare, il sapere influenzare le scelte delle altre persone è un fattore decisamente importante per emergere dalla massa dei competitors.

Con l'**innovazione tecnologica** e la diffusione di molti media ormai entrati abitualmente nella nostra vita, ogni persona è bombardata di informazioni come mai nessun uomo lo era stato in nessuna altra epoca storica che si ricordi.

Tutte queste informazioni influenzano ogni nostro gesto, ogni nostro acquisto e ogni nostro comportamento.

Ciò avviene soprattutto a livello inconscio.

I più recenti studi sociologici e di marketing hanno evidenziato che ben **il 95% delle scelte che prendiamo ogni giorno è frutto di influenze a livello inconscio**, la maggior parte delle quali causate da fattori emotivi o dalla grande quantità di informazioni a cui ogni giorno siamo sottoposti.

Appreso il perché sia importante conoscere i metodi e l'esistenza di tecniche persuasive, di manipolazione e di influenza sulle persone, è necessario che tu comprenda che esistono **due strade percorribili** per farlo.

Queste due strade sono ugualmente efficaci, ma agiscono sulla mente umana in maniera completamente opposta, aiutandoti comunque ad arrivare al risultato di persuadere il tuo ascoltatore a compiere una determinata azione.

La prima via è quella di riportare la comunicazione tra te e il tuo ascoltatore ad un **livello consapevole**, arrivando al condizionamento delle sue scelte tramite un processo il più razionale possibile.

Per scoprire i vantaggi di questo metodo e come fare per metterlo in pratica, leggi il secondo paragrafo del capitolo.

La seconda alternativa consiste nel seguire il trend dell'era moderna e agire sul **livello inconscio** del tuo ascoltatore.

In questo caso ti torneranno sicuramente utili le tecniche spiegate nel terzo paragrafo di questo capitolo.

1.2 Il livello consapevole

Come si diceva poco sopra, impostare la propria comunicazione per influenzare le scelte altrui a livello consapevole è una delle due possibili vie da seguire.

Lavorare in questo modo dà anche la possibilità di *differenziarsi dalla massa e dai competitors*, i quali, come abbiamo visto in precedenza, molto probabilmente cercheranno di lavorare sul livello inconscio.

Ovviamente lavorare su un livello di consapevolezza del proprio interlocutore non vuol dire impostare la conversazione come se si fosse al bar con un amico, ma necessita di un attento studio per capire, prima di tutto, con chi si sta parlando e, secondo poi (non in ordine di importanza), di cosa si sta parlando.

Immaginando, ad esempio, una trattativa a due, se scegli di lavorare sul livello consapevole, **devi per prima cosa conoscere il tuo interlocutore**.

Per fare ciò è consigliabile anche porgli domande private in modo che tu possa capire quali siano le leve su cui lavorare per spingere il tuo interlocutore a compiere una scelta piuttosto che un'altra.

Un altro fattore molto importante è il **comprendere le dinamiche relazionali** che si vanno ad instaurare tra te e il tuo interlocutore, ma anche tra il tuo interlocutore e la società: in poche parole è utile anche capire quale ruolo sociale la persona con cui stai parlando ricopra.

Una volta compresi questi fattori, non resta che cercare di utilizzarli a proprio favore.

Per fare un esempio molto semplice e banale, ma estremamente comprensibile ed efficace, se sei un agente immobiliare e il tuo cliente è un padre di famiglia con una buona disponibilità economica, con due figli e un cane che ama tantissimo, sarà opportuno mostrargli una villa con tre camere da letto e un ampio giardino, cercando di far leva sul fatto che ogni componente avrà a disposizione una propria camera (una per marito e moglie e una a testa per i figli) e un grande giardino per giocare con il cane.

Cerca quindi di sottolineare il più possibile come il prodotto che stai vendendo abbia le caratteristiche giuste per il tuo interlocutore, cercando di convincerlo a procedere con l'acquisto secondo un ragionamento consapevole e razionale.

Questo, come si è detto, è un esempio molto semplice.

La persuasione a livello consapevole funziona però anche in base ad altri fattori.

Gli esperti hanno cercato di schematizzarli, riassumendo tutti i modi in cui una persona è condizionabile in **otto principi**.

Il primo principio, forse il più importante, è il **principio di autorevolezza**.

In questo caso si cerca di convincere, ad esempio un potenziale cliente, della propria autorevolezza in un determinato campo.

Il modo più efficace di procedere è mostrare ai tuoi clienti i dati che testimoniano la tua leadership nel settore, questi possono essere il numero in costante aumento dei clienti o quello dei pezzi venduti, l'aumento del fatturato oppure delle recensioni positive di chi ha già provato un tuo servizio. In questo modo il potenziale cliente sarà più propenso ad affidarsi alla tua attività.

Continuando, vi è il **principio di gratuità**. Questo ovviamente non significa regalare i propri prodotti.

Si è notato che dare, ad esempio, gadget in omaggio alle fiere di settore oppure, nel caso di un ristorante, offrire l'amaro dopo il caffè, influenza di molto una possibile decisione futura del cliente.

Nel caso del ristorante, offrire un bicchiere di limoncello ha un costo irrisorio per l'attività, ma lascia un ricordo positivo nella mente del cliente, rendendo molto più probabile che ritorni nel futuro.

Il **principio di scarsità** è uno di quelli più utilizzati nel mondo del marketing, in particolare nel settore del retail e dei servizi. Quante volte ti è capitato di sentire che una determinata offerta è valida solo per i prossimi tre giorni?

Quanto volte hai visto la pubblicità di un hotel che offriva l'ultima camera rimasta per la settimana di Ferragosto ad un prezzo scontatissimo?

Questo è una delle tecniche di comunicazione più comuni e consiste nel mettere pressione al potenziale cliente, per fare in modo che prenda al più presto una decisione, magari anche sottovalutando i lati negativi dell'accettare una determinata offerta.

Restando in ottica marketing, arriviamo al principio più amato dai pubblicitari: quello di associazione.

Il **principio di associazione** consiste nell'instaurare accanto ad un prodotto o servizio un'idea che sia positiva per l'interlocutore.

Quante volte ti è capitato di vedere una bella ragazza poco vestita nelle pubblicità dei profumi?

In quante pubblicità di supermercati appaiono famiglie felici?

La risposta ad entrambe le domande è, ovviamente, molte.

Ciò spinge il potenziale cliente ad associare il brand all'immagine mostrata, influenzando così le sue scelte future.

Proseguendo, troviamo il **principio di riprova sociale**.

Questo cerca di sfruttare il conformismo dell'epoca moderna.

Una persona, infatti, sarà spinta ad eseguire un'azione se vede tutte le altre persone farla.

In questo caso si innesca un circolo vizioso: più si riesce a far diventare popolare un prodotto o un servizio, più persone saranno influenzate nell'acquistare quel determinato prodotto, andando ad alimentare il gruppo di persone che influenzano altri potenziali clienti.

Proseguiamo con il **principio di sorpresa** che ci dice di non creare troppa attesa.

Certo, facendo così si andrà a creare *hype*, ma ci si giocherà l'opportunità di sorprendere il nostro interlocutore.

Se ad esempio l'offerta per la prenotazione di una camera di hotel arriva tramite mail senza preavviso, c'è una buona probabilità che il potenziale cliente ne rimanga colpito in modo positivo e, di conseguenza, potrebbe effettuare una prenotazione nel breve periodo.

Attenzione però: non esagerare nell'applicazione pratica di questo principio, potresti rischiare di far diventare, ad esempio, la tua newsletter spam.

Arrivando verso la fine di questa lista di pratici principi, è il momento di introdurre il **principio di contrasto**.

Questo principio è più facile da capire facendo un esempio.

Se sei un venditore e devi proporre ad un potenziale cliente due prodotti tra cui deve scegliere, e sai che il primo prodotto è decisamente meno conveniente ed è quindi improbabile che il tuo interlocutore lo acquisti, presentalo sempre per primo.

In questo modo, l'insoddisfazione del tuo interlocutore durante la presentazione del primo prodotto, metterà in evidenza le qualità del secondo; sarà quindi molto più probabile che il potenziale cliente proceda nell'acquisto immediato del secondo prodotto, ovvero il prodotto che desiderava fin dall'inizio.

Arriviamo infine al **principio di coerenza**.

Questo è da tenere ben a mente in tutti i casi in cui è impossibile o improbabile convincere il proprio interlocutore a compiere scelte nell'immediato.

Torniamo all'esempio del padre di famiglia che deve comprare una casa.

È praticamente impossibile che un uomo, per quanto benestante, possa accettare di fare subito un investimento di soldi così importante.

In questi casi non devi far altro che essere paziente ed accompagnare il tuo potenziale cliente lentamente verso la decisione giusta per entrambi, arrivando alla conclusione della trattativa per step.

1.3 Il livello inconscio

Un secondo modo di agire per influenzare le scelte delle altre persone è lavorando a livello dell'inconscio.

Come è stato accennato prima, questo è il metodo più usato in epoca moderna e, sembrerebbe, anche quello più efficace dato che il 95% delle nostre scelte sono influenzate da decisioni prese proprio a livello inconscio.

Il rischio, però, è quello di andare ad appiattarsi sugli altri competitors: lavorando praticamente chiunque su questo livello, sarà molto più difficile differenziarsi dalla massa.

Insomma, se vuoi avere successo nel tuo campo, influenzando le scelte degli altri a livello inconscio, devi studiare molto e padroneggiare al meglio alcune tecniche di persuasione.

Nelle righe qua sotto ti verranno spiegate attentamente le tre migliori tecniche con risvolti pratici da utilizzare durante trattative, discorsi pubblici o semplici dialoghi tra amici e parenti, al fine di influenzare i tuoi interlocutori nelle loro scelte.

La prima tecnica è la più famosa, probabilmente l'hai già sentita, ma risentirla nuovamente di sicuro non ti farà male.

Questa tecnica è diventata famosa con il nome di "**Tecnica del Piede nella Porta**" ed è davvero tra le tecniche di manipolazione più usate, risalente almeno agli anni Ottanta.

Questa tecnica consiste nel riuscire a strappare al proprio interlocutore un primo "sì", anche banale, per poi passare alla domanda in cui realmente si vuole strappare il "sì".

Facendo un esempio la spiegazione è più semplice.

Nel caso tu dovessi spingere i tuoi clienti a sottoscrivere un contratto, ad esempio, per una nuova azienda di energia elettrica, evita di porre come prima domanda "Vuoi sottoscrive il contratto con me?".

Prova invece ad offrire in regalo un gadget come una penna o fare domande per cui ti aspetti una risposta positiva.

Strappato il primo sì, sarai riuscito ad instaurare una sorta di legame con il tuo interlocutore.

A questo punto passa alla trattativa vera e propria, discutendo i termini del contratto: in questo modo è molto più probabile che il potenziale cliente accetti di sottoscrive il contratto con te.

Ricorda però: *evita di porre domande troppo banali* come "Anche lei utilizza l'energia elettrica?", non faresti altro che innervosire il tuo interlocutore, mettendo per te la trattativa in salita.

Proseguiamo con un consiglio sull'esposizione.

Questa è una tecnica utilizzata non solo dai venditori, ma ampiamente in voga anche tra i politici di tutto il mondo.

Io la chiamo la "**Tecnica della Medaglia**", in quanto mi piace pensare a questa tecnica come la tecnica giusta per cercare di ricavare il meglio da entrambe le facce della medaglia di un discorso: su una faccia c'è l'incisione di un concetto che non troverà riscontro positivo nell'interlocutore, dall'altra, invece, un concetto con cui l'interlocutore è d'accordo.

Questa pratica tecnica distingue quindi due differenti casi:

1. Un primo caso consiste nell'esporre un concetto ad uno o più interlocutori che non sono d'accordo con te
2. Il secondo, al contrario, con interlocutori che invece credono in quel concetto

Se immagini che la persona (o la platea) a cui stai parlando non sarà d'accordo con ciò che stai per esporre, fallo il più velocemente possibile, passando poi ad un argomento su cui siete entrambi d'accordo: in questo modo il tuo interlocutore non avrà il tempo di costruire una critica e il suo disaccordo passerà in secondo piano.

Al contrario, se sai che il tuo interlocutore è d'accordo con te, spiega lentamente tutti i punti del discorso, in modo da sottolineare che siete sulla stessa lunghezza d'onda.

Questa tecnica, combinando i due casi, è molto utile in particolar modo quando si deve comunicare un concetto positivo, ma si è obbligati a comunicarne anche uno negativo, dovendo quindi, per l'appunto, cercare di ricavare il meglio da entrambi "i lati della medaglia".

Utilizzando questa tecnica pratica, riuscirai a dare più enfasi alle cose buone del tuo discorso, "nascondendo" ciò che non fa felice il tuo interlocutore e, allo stesso tempo, evitando di essere accusato di aver tenuto nascoste certe informazioni.

Infine, come ultima tecnica, c'è quella che chiamo **"Tecnica della Libertà"**.

Questa tecnica consiste nel ricordare al proprio interlocutore che è libero in ogni scelta.

Sembra quasi un controsenso, ma è stato provato che se una persona pensa di prendere una scelta, senza essere sottoposta a troppe pressioni o influenze, sarà paradossalmente ancora più influenzata dalle tue parole.

È ovvio che nessuno è obbligato a procedere con un determinato acquisto, tuttavia, se sei in trattativa, inserire saltuariamente frasi come "Non si senta obbligato" oppure "È libero di prendere la decisione che preferisce", il tuo potenziale cliente si sentirà più indipendente, ma a livello dell'inconscio sarà maggiormente influenzato a prendere la decisione che vuoi tu.

1.4 Riepilogo

In questo primo capitolo hai imparato diversi concetti che ti torneranno sicuramente utili sia nella vita personale che in quella professionale.

Hai imparato che è molto importante per aver successo conoscere alcune tecniche di manipolazione e persuasione, utilizzate ormai da moltissimi anni in diversi campi, in particolare nel marketing e in politica.

Abbiamo visto come, a seguito delle continue evoluzioni tecnologiche, al giorno d'oggi sia ancora più importante conoscere queste tecniche per influenzare le scelte delle persone ed emergere dalla massa.

Ti è stato spiegato come esistano fondamentalmente due modi di agire: a livello consapevole e a livello inconscio.

Agendo a livello consapevole si cerca di far leva sulle scelte razionali del proprio interlocutore.

Per farlo, ci sono otto principi da tenere a mente:

- Principio di autorevolezza
- Principio di gratuità
- Principio di scarsità
- Principio di associazione
- Principio di riprova sociale
- Principio di sorpresa
- Principio di contrasto
- Principio di coerenza

Lavorando invece a livello inconscio, si cerca di influenzare le scelte degli altri tramite alcune tecniche che sfruttano alcune caratteristiche della psiche umana. Queste tecniche sono:

- Tecnica del Piede nella Porta
- Tecnica della Medaglia
- Tecnica della Libertà

Assimilate queste tecniche, non ti resta che provarle nella pratica la prossima volta che affronterai una trattativa, un discorso in pubblico, una campagna pubblicitaria o anche una semplice discussione al bar con i tuoi amici: quelli esposti sono davvero principi e tecniche estremamente pratiche, utili per chiunque e in qualsiasi campo della vita.

Per scoprire se hai compreso tutti concetti esposti al meglio, rispondi ai veloci esercizi che trovi nella pagina successiva.

Se riesci a rispondere a tutte le domande correttamente, prosegui nella lettura di questo testo.

Se invece trovi difficoltà, è probabile che tu debba assimilare ancora qualche concetto, ma niente paura: rileggi le parti del capitolo che non ti sono ancora chiare, poi prosegui nella lettura.

Esercizi Capitolo 1

Per ogni affermazione, scegli tra "Vero" e "Falso". Le soluzioni le trovi nella pagina successiva alla fine degli esercizi.

1. Al giorno d'oggi conoscere le tecniche di persuasione e manipolazione per influenzare le decisioni degli altri è meno utile che nei decenni precedenti.

   ☐ Vero
   ☐ Falso

2. Il 95% delle nostre decisioni derivano da processi decisionali inconsci.

   ☐ Vero
   ☐ Falso

3. Esistono due vie ugualmente efficaci per influenzare le scelte altrui: lavorare sul livello consapevole e lavorare sul livello inconscio.

   ☐ Vero
   ☐ Falso

4. Lavorando sul livello consapevole si rischia maggiormente di mischiarsi con i competitors.

   ☐ Vero
   ☐ Falso

5. Lavorare a livello consapevole vuol dire cercare di condizionare le scelte inconsapevoli dell'interlocutore.

   ☐ Vero
   ☐ Falso

6. Per applicare il principio di autorevolezza, può essere utile mostrare al cliente dati concreti (numero clienti, aumento del fatturato, …)

☐ Vero
☐ Falso

7. Il principio di contrasto dice che se devi presentare due offerte, è meglio presentare per prima la più vantaggiosa.

☐ Vero
☐ Falso

8. Applicando la "Tecnica del Piede nella Porta" si lavora sul livello consapevole.

☐ Vero
☐ Falso

9. È sempre meglio esporre in modo veloce i concetti che possono trovare in disaccordo il tuo interlocutore.

☐ Vero
☐ Falso

10. Ricordare al tuo interlocutore che ha libertà di   scelta può condizionare in tuo favore le sue decisioni.

☐ Vero
☐ Falso

1. Falso
2. Vero
3. Vero
4. Falso
5. Falso
6. Vero
7. Falso
8. Falso
9. Vero
10. Vero

2. Cosa fa muovere le persone

2.1 Perché le persone agiscono

Come ti sarà sicuramente capitato di notare, le persone non si muovono mai senza una vera motivazione.

La conseguenza di questa frase è che ogni azione che la gente fa è dettata da un motivo o da un pensiero ben preciso.

Conoscere le motivazioni che stanno alla base delle azioni delle persone, ovvero i bisogni e le voglie responsabili di far muovere la gente, è uno dei fattori più importanti per capire come manipolare le scelte delle persone nella pratica.

Forse in questo momento non sei convinto di ciò che hai appena letto.

Magari stai pensando ad una qualche azione che hai fatto nel passato, mossa semplicemente dal piacere e non per un ritorno personale.

Certo, anche questo scenario è più che possibile.

Vuol dire che ti ho appena dato un'informazione falsa?

Assolutamente no.

Infatti, studi di psicologia hanno dimostrato come tutte le azioni che l'uomo compie sono mosse da una moltitudine di motivazioni, essenzialmente raggruppabili in due macroaree: da una parte vi sono le **motivazioni intrinseche**, dall'altra le **motivazioni estrinseche.**

Le **motivazioni intrinseche** sono tutte quelle motivazioni che ci portano a compiere un'attività solo per il gusto di farla: non siamo obbligati a compiere una determinata azione, ma ne traiamo piacere.

Le **motivazioni estrinseche**, invece, sono quelle motivazioni che derivano da un obbligo.

In questo caso, allora, la motivazione non è interna all'azione stessa, ma è dettata da fattori esterni.

Facendo qualche esempio, il discorso sarà sicuramente più chiaro.

Un dipendente va al lavoro non perché sia il suo hobby preferito, ma perché ha la motivazione dello stipendio, ovvero una motivazione estrinseca.

Il sabato alle 18 vado al bar con i miei amici per fare un aperitivo, lo faccio perché ne traggo piacere, non perché sono obbligato a farlo: questo è un classico esempio di motivazione intrinseca.

Insomma, si può dire che le motivazioni estrinseche sono quelle che funzionano tramite il vecchio metodo del *bastone e della carota*: ad un'azione, fatta anche controvoglia, corrisponde una ricompensa.

Le motivazioni intrinseche, invece, risiedono all'interno dell'azione stessa, nel piacere che ne ricaviamo.

Questa è sicuramente una prima ed efficace divisione tra le motivazioni che spingono ad agire l'uomo, ma la divisione nella nostra psiche non è così netta.

Una motivazione estrinseca, ad esempio, può trasformarsi in intrinseca.

Mi iscrivo in palestra perché voglio migliorare la mia forma fisica (motivazione estrinseca), ma piano piano scopro che l'allenamento mi piace come attività in sé e per questo motivo continuo ad allenarmi (motivazione intrinseca).

Quello appena citato è uno scenario comune, che sicuramente molte persone hanno provato nell'arco della propria vita.

Ciò testimonia come la divisione nella nostra psiche, come già detto, non sia così netta: non è tutto bianco o nero, ma ci sono invece molte zone grigie.

Nei prossimi paragrafi ti verranno presentati altri due studi di psicologia, diventati particolarmente celebri nel mondo del business per la loro applicazione pratica nelle tecniche di persuasione.

Queste teorie sono oggi molto famose: la prima è conosciuta con il nome di **bisogni fondamentali di Maslow**, la seconda come i **sei principi di Cialdini**.

2.2 I bisogni fondamentali di Maslow

Abraham Harold Maslow è stato uno degli uomini più influenti in questo campo durante il Novecento.

Psicologo statunitense, è stato un esponente di spicco della corrente della *psicologia umanistica*, occupando per quasi vent'anni il ruolo di Capo del Dipartimento di Psicologia dell'Università di Brandeis, nel Massachusetts.

Scrittore di moltissimi saggi, è celebre ancora oggi per essere stato l'autore della teoria diventata famosa con il nome di **piramide di Maslow**, nella quale vengono esplicitati i **bisogni fondamentali dell'uomo**.

Questi bisogni, secondo Maslow, sarebbero le motivazioni chiave che spingono qualsiasi uomo ad agire.

Al fondo della piramide troviamo tutti i bisogni primari dell'uomo, quelli dettati dalla nostra natura come specie.

Man mano che si sale nei livelli, invece, si trovano bisogni sempre più dettati dalle sovrastrutture della nostra società, meno fisici e più comportamentali.

Analizziamo ora passo per passo tutti i gradini della piramide.

Alla base della piramide vi sono i **bisogni fisiologici**.

Questi sono banalmente respirare, mangiare, il sesso e il dormire.

I bisogni fisiologici comprendono tutte quelle funzioni per cui il nostro corpo è stato *programmato* e senza le quali avremmo dei problemi a livello di salute e psicologico.

Riusciresti per caso a vivere senza respirare o mangiare?

Non credo proprio.

Ecco, alla base di questa piramide vi sono quindi tutti i bisogni più importanti per l'essere umano.

Proseguendo troviamo i **bisogni di sicurezza**, che sia questa fisica, monetaria, occupazionale, morale, familiare, di salute o via dicendo.

Una volta che i nostri bisogni fisiologici sono stati accontentati, l'uomo si muove ricercando la sicurezza: vuole più protezione, tranquillità e meno preoccupazioni ed ansie.

Ci siamo passati tutti, no?

Raggiunta la sicurezza, si passa ai **bisogni di appartenenza**.

Questi comprendono la creazione di forti legami con le altre persone, quindi coinvolgono la ricerca di amicizia, dell'affetto familiare o dell'intimità sessuale con un partner.

Molte volte le nostre azioni, anche se cerchiamo di nasconderlo, sono infatti mosse alla creazione di nuovi rapporti o per rafforzare quelli già esistenti.

L'uomo, essendo un animale sociale, non può prescindere da questo tipo di legami.

Creati i legami, si passa ai **bisogni di stima**.

Tutti noi vogliamo essere stimati dal prossimo.

Per questo motivo cerchiamo l'approvazione degli altri per tutta la vita, che lo si voglia o che non lo si voglia ammettere.

Ma non è solo degli altri che ci preoccupiamo.

Sì, perché devi sapere che uno dei bisogni più importanti in questa categoria è rappresentato dall'autostima, ovvero quella capacità di valutare positivamente le nostre azioni.

Senza autostima sarà difficile passare al prossimo e ultimo stadio della piramide, ovvero…

I bisogni di autorealizzazione.

Soddisfatti tutti i bisogni precedenti, si arriva alla cima della piramide di Maslow, rappresentata proprio dai bisogni di autorealizzazione.

Questi ci spingono a compiere azioni di creatività oppure dettate della nostra moralità.

Raggiunto questo stadio, la soddisfazione di questi bisogni sarà quindi volta solamente ad una crescità personale dell'individuo, che si libererà da pregiudizi, diventando più spontaneo e *puro*.

Moralità, creatività, liberazione dai pregiudizi e abilità di problem solving sono i capisaldi di quest'ultimo gradino.

Quella di Maslow è sicuramente una teoria molto interessante, capace ancora oggi, a diversi decenni di distanza dalla sua formulazione, di essere oggetto di moltissimi studi anche in ambito accademico.

Tra questi studi, negli anni, è doveroso specificare che non sono certo mancate anche numerose critiche.

Il punto su cui si concentra la maggior parte delle critiche a questa teoria è il fatto che sia molto rigida.

Nella pratica, non tutte le persone passano da tutti i *gradini* della piramide, altre, al contrario, provano bisogni appartenenti a più stadi contemporaneamente.

Inoltre, molte critiche attaccano la teoria di Maslow in quanto fa risalire tutte le motivazioni a bisogni interni alla persona, senza contare tutti i motivi esterni che spingono le persone ad agire, i quali, come abbiamo visto nel paragrafo precedente, hanno invece un ruolo molto importante in questo contesto.

A colmare questo gap, può essere una traslazione di questi bisogni nella pratica.

Lo so che probabilmente è ormai da diversi minuti che ti stai domandando "come possono tornarmi utili queste nozioni?", ma non temere: ora te lo spiego.

I bisogni di Maslow possono essere applicati ottenendo buoni risultati in diversi campi, ad esempio nel marketing o nella gestione delle risorse umane di un'azienda.

In questo caso in particolare, un'analisi del personale sulla base della piramide di Maslow può dare un'efficace idea di quanto i dipendenti siano felici e soddisfatti della propria posizione, modellando di conseguenza gli incentivi da assegnare nei mesi successivi.

In poche parole, più una persona si trova verso la cima della piramide di Maslow, più si sentirà soddisfatta della propria vita.

Valutare al meglio il grado di soddisfazione di chi ti sta di fronte, ti consentirà di conseguenza di comprendere anche quali sono i bisogni a cui è più sensibile, quali sono le necessità da cui è maggiormente toccato.

Sul piano del marketing, questo fattore ti permetterà di essere in una posizione di vantaggio rispetto al tuo interlocutore, magari un potenziale cliente, diventando più facile quindi intavolare una trattativa che si vada a concludere in vostro vantaggio.

Questo argomento è indissolubilmente legato a quello della valutazione dello stato d'animo dell'interlocutore, di come influenzarlo e di come trarne vantaggio.

Ma questo è un argomento che ti spiegherò più avanti.

2.3 I sei principi di Cialdini

Robert Cialdini è uno psicologo statunitense, che nel corso degli anni si è guadagnato la fama di essere uno tra i maggiori esponenti di questa disciplina.

Robert Cialdini è uno dei principali studiosi della scena moderna della *psicologia sociale*, concentrandosi in particolare sui risvolti, anche pratici, che questa disciplina ha nel persuadere le altre persone e nell'influenzare le loro scelte.

Questa particolare declinazione dei suoi studi ha consentito ha Cialdini di diventare una figura di riferimento anche nel mondo del marketing, tanto da avere oggi la cattedra di Marketing presso l'Arizona State University.

Nel corso della sua lunga e gloriosa carriera ha firmato moltissime pubblicazioni, sempre apprezzate dalle riviste, dalla critica e dai colleghi accademici, ottenendo per i suoi libri anche diversi premi.

Il punto di svolta della carriera di Robert Cialdini arriva nel 1984, anno in cui pubblica il suo libro più famoso, ovvero *Influence. Come spingere gli altri a dire di sì.*

La scrittura di questo libro ha rubato a Cialdini ben tre anni di vita.

Tre anni caratterizzati da un'instancabile attività di ricerca, volta a capire quali siano i fattori che influenzano le scelte dell'uomo e che lo spingono a scegliere di compiere una determinata azione piuttosto che un'altra.

In questa ricerca Cialdini ha messo tutto se stesso, andando anche a mettersi in gioco in prima persona, al fine di dare vita ad uno dei testi più illuminanti su questo argomento.

Ad esempio, per molto tempo il – ricordiamolo – professor Robert Cialdini, ha lavorato in incognito, infiltrandosi in diverse società di vario tipo.

Questa azione, al limite dello spionaggio, gli ha dato la possibilità di scoprire tutte le tecniche usate dai venditori.

Ha analizzato le attività di telemarketing, dei venditori di automobili (attività molto più popolare in America che in Italia, quasi simbolo del venditore *tipo* americano), oltre che di vari enti no-profit.

Dopo tre anni di attento studio, Cialdini è giunto alla conlcusione che ogni uomo si muove a causa di **sei principi** e che i venditori di ogni sorta, più o meno consapevolmente, plasmano sopra questi le loro tecniche di persuasione.

So cosa ti stai chiedendo.

La risposta è sì, ti ricordi bene.

Ne avevamo già visti otto di principi per persuadere le persone nel primo capitolo.

Quegli otti principi derivano infatti per gran parte dagli illuminanti studi di Cialdini.

Le due liste non sono certamente uguali, anche se alcuni principi, per l'appunto, si ripetono in entrambi gli studi.

Le nozioni che hai già appreso precedentemente nel primo capitolo non saranno quindi spiegate nuovamente nel dettaglio, ma per dover di completezza saranno comunque riportate anche in questo paragrafo.

Cercherò quindi di non appesantirti la lettura soffermandomi troppo su cose già dette.

Se qualche punto ti sembrerà comunque spiegato in maniera troppo sbrigativa, ti consiglio di tornare al capitolo 1 e rileggere il paragrafo 1.2.

Veniamo ora allo studio di Cialdini e alla sua teoria dei sei principi.

Il primo principio di Cialdini è il **principio della reciprocità**.

Questo è un principio abbastanza semplice, mai sentito "Ama il prossimo tuo come te stesso?".

Mi pare l'avesse detto qualcuno di famoso.

Il principio della reciprocità è ben riassumibile con questa famosa frase attribuita nei Vangeli a Gesù.

Ognuno di noi tratta gli altri nello stesso modo in cui percepisce di essere trattato da questi.

Trattando bene il tuo interlocutore, di conseguenza, anche questo sarà propenso ad averso un atteggiamento positivo nei tuoi confronti, diventando molto più disponibile nel seguire le tue istruzioni e a fidarsi di te.

Questo principio è presente in moltissimi campi della vita.

È molto usato ad esempio nel campo pubblicitario.

Quando le aziende offrono gadget gratuiti fanno un bel gesto verso i propri clienti o potenziali tali, in modo da far diventare più probabile che questi si fidino maggiormente dell'azienda stessa.

Questo principio emerge in molti altri casi, dai piccoli detti che sentiamo anche nella bottega sotto casa, come ad esempio "il cliente ha sempre ragione", fino alle grandi campagne filantropiche tipiche di molti imprenditori.

Proseguendo, abbiamo il **principio di scarsità**.

Questo è già stato visto nel capitolo 1, non c'è quindi bisogno di dilungarsi molto.

Basti ricordare che il principio di scarsità sostiene che le persone sono spinte ad agire se percepiscono di avere l'occasione di entrare in possesso di qualcosa di esclusivo o esistente in piccole quantità.

Rientrano in questa categoria tutte le offerte che recitano frasi come "disponibile fino a domani" oppure "ancora per pochi giorni".

Un caso interessante da studiare in questo contesto, molto popolare negli ultimi anni, riguarda la vendita di oggetti in edizione limitata, sui quali le aziende applicano rincari considerevoli.

Anche il terzo principio è già stato visto in precedenza.

Questo è il **principio di autorità**.

Questo principio è quello per cui le persone tendono a seguire le azioni e le parole di una qualche persona o azienda che ritengono leader in un determinato campo: per l'appunto, un'autorità.

Nel primo capitolo si era visto che a questo proposito può essere utile mostrare dati tangibili ai propri clienti o potenziali tali.

Il quarto principio nella lista del professor Cialdini è il **principio di impegno**, detto anche **principio di coerenza**.

Questo principio non è però da confendere con il principio di coerenza visto nel primo capitolo: Cialdini, infatti, utilizza questo termine con altri fini.

Il principio di impegno o di coerenza sostiene che le persone sono più disposte a compiere azioni che hanno gia fatto in passato.

Questo principio è molto utile nelle fasi di vendita.

Un buon venditore, infatti, per attirare nuovi clienti, deve essere in grado di studiare attentamente il mercato, analizzando le abitudini dei potenziali clienti.

Conoscendo le abitudini delle persone, secondo questo principio, sarà più facile poi nella pratica preparare una buona strategia di marketing e rapportarsi in maniera più efficace con i clienti.

Il quinto principio è il **principio di consenso**, detto anche **principio di prova sociale**.

Il principio di consenso sostiene che le persone sono portate a seguire la massa, creando così trend e tendenze.

Anche questo principio è stato analizzato attentamente nel primo capitolo, non è quindi il caso di soffermarsi a lungo su questo punto.

Il sesto e ultimo principio è il **principio di simpatia**.

Il principio di simpatia causa il cosidetto *effetto alone*, il quale vede la maggior parte delle persone valutare in maniera più positiva persone fisicamente attraenti.

Le persone fisicamente attraenti, nella nostra società moderna, vengono associate ad ideali di successo e di altezza morale, ciò avviene soprattutto a livello inconscio.

Il principio di simpatia è molto utilizzato in televisione, nel cinema e in ambito pubblicitario.

Ti sei mai chiesto perché la maggior parte delle star di Hollywood sia così attraente?

Ti sei mai domandato perché in tutti gli show televisivi ci siano vallette incredibilmente belle?

Hai mai notato che nelle pubblicità appaiono solo volti sorridenti che emanano sensazioni positive?

Ecco, ciò succede a causa proprio del principio di simpatia: le persone belle, attraenti e sorridenti sono percepite come più affidabili e rassicuranti.

Siamo così arrivati in fondo a questa lista, o forse no.

Ebbene sì, c'è un altro punto da far notare.

Recentemente, rispondendo ad alcune domande durante un'intervista, il professor Robert Cialdini avrebbe ammesso di essere nuovamente al lavoro per migliorare la sua teoria dei sei principi.

Cialdini non è stato molto esplicativo, anticipando davvero poco di ciò che è probabile pubblicherà nei prossimi anni una volta terminato il periodo di studio.

Ciò che ha anticipato, però, è un settimo e nuovo principio, non inserito in nessun altro libro da lui mai pubblicato.

Ha identificato questo principio come il **principio di unità**.

Cialdini non si è dilungato molto nella spiegazione di questo inedito principio, ma ha semplicemente sostenuto come una persona sia spinta ad essere persuasa da qualcuno con cui sente di condividere un qualche tipo di identità, accettando con meno remore le richieste di questi.

Questo ragionamento illuminante non può non far venire in mente molti comportamenti nella vita reale.

Nella pratica, ad esempio, si può facilmente comprendere che questo sia un meccanismo ampiamente utilizzato dai politici di successo: se si condivide con i propri elettori una fede politica salda e forte, sarà molto più facile influenzare i pensieri e le scelte di questi.

Questo principio è sicuramente molto in voga anche nel marketing e nelle pubblicità, basti pensare a tutti i possibili casi studio in cui le strategie di marketing vengono decise, come detto anche in precedenza, sulla base delle abitudini dei consumatori.

Facendo un esempio semplice, se Casalinga 1, dal vivo o in una pubblicità in televisione, consiglia a Casalinga 2 un determinato prodotto per la casa, sarà molto probabile che Casalinga 2 venga influenzata nelle sue scelte dalle parole di Casalinga 1, in quanto entrambe condividono la stessa "identità".

2.4 Riepilogo

In questo capitolo abbiamo visto quanto sia importante conoscere le motivazioni che stanno alla base delle scelte delle persone.

Queste nozioni, nella pratica, sono utili in tutti i casi in cui si voglia cercare di manipolare il proprio interlocutore, influenzandone le scelte.

Ti sono state spiegate due proposte di analisi, formulate da due tra i più illustri studiosi di questo settore.

La prima analisi è la piramide dei bisogni di Maslow, nella quali vengono indicate cinque categorie di motivazioni.

Secondo Maslow, man mano che l'uomo riesce a soddisfare i bisogni alla base della piramide, il suo interesse passa al bisogno del "gradino" successivo, e così via fino ad arrivare alla punta.

I bisogni di Maslow, partendo dalla base della piramide, sono:

- Bisogni fisiologici
- Bisogni di sicurezza
- Bisogni di appartenenza
- Bisogni di stima
- Bisogni di autorealizzazione

Cialdini divide invece le motivazioni che portano l'uomo ad agire in sei principi, di seguito riportati:

- Principio di reciprocità
- Principio di scarsità
- Principio di autorità
- Principio di impegno e coerenza
- Principio di consenso o prova sociale
- Principio di simpatia

Sulla base di questi principi sono formulate la maggior parte delle tecniche di persuasione e le campagne di marketing di maggior successo.

Esercizi Capitolo 2

Per ogni affermazione, scegli tra "Vero" e "Falso". Le soluzioni le trovi nella pagina successiva alla fine degli esercizi.

1. Studi di psicologia hanno dimostrato che le motivazioni provate dall'uomo sono essenzialmente di due tipi: intrinseche ed estrinseche.

☐ Vero
☐ Falso

2. Le motivazioni intrinseche possono derivare da un obbligo imposto.

☐ Vero
☐ Falso

3. Alla base della piramide di Maslow troviamo bisogni secondari dell'uomo, come ad esempio la creatività.

☐ Vero
☐ Falso

4. Secondo Maslow, tra i bisogni dell'uomo viene prima la sicurezza dell'appartenenza. Per questo motivo l'appartenenza è più in alto nella piramide.

☐ Vero
☐ Falso

5. Tra i bisogni di stima rientra anche il bisogno di autostima.

☐ Vero
☐ Falso

6. La teoria di Maslow è stata da molti criticata perché non tiene conto delle motivazioni esterne.

☐ Vero
☐ Falso

7. Secondo il principio di reciprocità di Cialdini, le persone trattano le altre come percepiscono di essere trattate da queste.

☐ Vero
☐ Falso

8. Secondo il principio di scarsità, le persone sono meno attratte da qualcosa percepito come scarso.

☐ Vero
☐ Falso

9. Il principio di impegno è chiamato anche principio di consenso.

☐ Vero
☐ Falso

10. Il principio di simpatia dice che non basta essere attraenti per avere una maggior capacità di persuasione. Le persone attraenti, infatti, sono generalmente percepite come poco affidabili.

☐ Vero
☐ Falso

1. Vero
2. Falso
3. Falso
4. Vero
5. Vero
6. Vero
7. Vero
8. Falso
9. Falso
10. Falso

3. Gli stati d'animo

3.1 L'importanza del giusto stato d'animo

Puoi conoscere tutte le tecniche della persuasione a livello inconscio, i principi per influenzare le persone a livello consapevole, puoi anche aver studiato perfettamente fior di teorie, quella di Maslow, di Cialdini e molte altre.

Ma se la tua carriera non è ancora decollata, è perché molto probabilmente non hai capito la cosa più importante.

Ciò che muove le persone più di ogni altra cosa, sono le **emozioni**.

Nota che non sto cercando di convincerti sulla veridicità di qualche concetto desueto proveniente dalla cultura hippie, ma ti sto parlando di ciò che da anni è ormai noto nel mondo del marketing e non solo.

La teoria che vede nelle emozioni il modo migliore per coinvolgere non solo il singolo individuo, ma anche intere masse, ha avuto la sua definitiva conferma più o meno negli ultimi sette/dieci anni, con la definitiva affermazione dei **social media**.

Prova a pensare al lavoro che fanno gli influencer su Instagram o Youtube.

Le persone che hanno più seguito cercano, più o meno consapevolmente, di fare leva proprio sulle emozioni del loro pubblico.

Con l'avvento dell'era della digitalizzazione questo fatto è stato ampliato a dismisura.

Oggi infatti è possibile diventare dei fenomeni mediatici in poco tempo, ma per farlo bisogna essere in grado di toccare le persone nei punti giusti.

I contenuti - in particolare quelli sul web - che riescono ad emozionare le persone sono in grado oggi di diventare virali in pochissimo tempo, diventando famosi in tutta la nazione e, addirittura, in certi casi su scala internazionale.

Il fatto che le emozioni siano la base su cui costruire la propria comunicazione (che sia personale o di impresa, online o offline) è un fatto ormai da tempo risaputo anche nel mondo del marketing e utilizzato da decenni in ambito pubblicitario.

L'importanza di saper far leva sulle emozioni non coinvolge solo le singole persone o i singoli professionisti, ma anche le grandi aziende.

Proviamo a fare ora un esempio proprio sulle grandi aziende: tornerà sicuramente utile per comprendere quanto questa strategia sia efficace ed ampiamente utilizzata anche nella comunicazione d'impresa.

Le emozioni possono essere espresse in vari modi: a parole, in video o in immagini.

Una buona comunicazione di impresa deve riuscire a fare in modo che tutti i mezzi tramite cui l'emozione possa essere comunicata, convergano verso un'unica idea e un unico obiettivo.

Per fare un esempio di comunicazione di un'emozione forte e precisa, da anni fulcro delle campagne pubblicitarie di un grande brand, pensa al famoso *Just do it.* di *Nike*.

Tre semplici parole e un punto, capaci però di comunicare esattamente le giuste emozioni: coraggio, superamento delle difficoltà e la felicità che si prova arrivati al successo.

In questo modo, queste emozioni vengono indelebilmente associate nella mente del possibile cliente all'immagine del brand.

La conseguenza ovvia è che, a livello più o meno consapevole, il ragionamento che si è portati a fare in quanto compratori consiste nel fatto che se voglio provare quelle emozioni, se voglio essere coraggioso e raggiungere la felicità e il successo, comprare un paio di scarpe della *Nike* mi può essere senza ombra di dubbio d'aiuto.

Ogni buona comunicazione d'impresa, ogni buona pubblicità, deve essere in grado di accompagnare il cliente in un processo mentale del genere, spingendolo alla fine del percorso all'acquisto di un determinato bene o servizio.

Non sempre però la comunicazione si basa su emozioni positive o condivisibili.

Molto spesso i contenuti che diventano virali sono controversi, informativi o causa di discussione.

Anche questo concetto è ormai da tempo risaputo nel mondo del marketing e delle vendite.

Prenderemo ancora d'esempio il mondo della pubblicità.

Anche le pubblicità, così come i contenuti dei social media, sono in grado di creare dei trend.

Una volta che un determinato modo di esprimersi si è affermato, creare un contenuto capace di rompere le regole può essere una strategia vincente, in grado di far emergere la propria pubblicità dalla massa, rompendo le convenzioni di comunicazione vigenti in quel determinato momento.

Il risultato è duplice: da una parte si creerà dibattito (di qualsiasi tipo possibile), dall'altra, conseguenza anche del primo punto, l'azienda che ha osato creare la pubblicità sovversiva guadagnerà un notevole aumento di visibilità su grossa scala.

Tutti questi ragionamenti sono perfettamente applicabili anche nella vita di tutti i giorni, durante semplici vendite uno a uno o nei classici dialoghi tra colleghi, amici e parenti.

Vedremo nel particolare come farlo poco più avanti, prima hai bisogno di qualche veloce nozione teorica per comprendere le successive applicazioni pratiche.

Ma continuiamo con il nostro discorso.

Avere una buona comunicazione, in generale, significa prima di tutto saper comunicare le giuste emozioni.

Il problema principale è che le emozioni umane sono molte e non così semplici da controllare.

A questo fine, gli esperti hanno cercato di sintetizzare questo ampio spettro in quattro emozioni generiche, che sicuramente ti saranno familiari.

Vediamole insieme.

La prima emozione è, ovviamente, la **felicità**.

Che la felicità e la sua ricerca, in tutte le sue possibili declinazioni, sia alla base delle motivazioni che spingono l'uomo a muoversi è cosa ormai risaputa da diversi secoli, ben prima dell'avvento del marketing e delle tecniche di comunicazione.

Prima di queste discipline, infatti, già molti filosofi e religioni si sono interrogati su cosa sia la felicità e sul modo migliore possibile per raggiungerla, dandosi di volta in volta risposte differenti.

Passando ad argomenti più pertinenti ai nostri interessi, è importante notare come nel marketing la comunicazione della felicità non sia solo di un tipo, ma esistono ne esistono di varie.

Le strade possibili sono essenzialmente due.

Una prima strategia vede la comicità al centro del contenuto.

Suscitando le risate dell'audience o riuscendo a strappare un semplice sorriso al pubblico, sarà più probabile che parte di questo possa diventare cliente della propria azienda.

Una seconda strategia, invece, vede nel creare situazioni di confort e rilassatezza.

Situazioni insomma capaci di comunicare allegria e buonumore.

In entrambi i casi, comunque, l'obiettivo è quello di associare al brand un'emozione positiva, per l'appunto la felicità, instaurando questo paradigma nelle menti dei potenziali clienti.

Entrambe le strategie sono ugualmente efficaci e ampiamente usate in particolar modo nell'ambito della comunicazione aziendale.

La seconda emozione è la **tristezza**, a cui si accompagna la **preoccupazione**.

La tristezza è il contrario della felicità e rappresenta una delle emozioni più forti che l'uomo possa provare.

Ma perché scegliere di comunicare un'emozione "negativa"?

La risposta è semplice.

Comunicando tristezza, si ricerca la commozione, a cui seguono coinvolgimento emotivo nella causa e sentimenti di apprensione.

Si è notato, infatti, come l'uomo sia molto più portato a lasciarsi coinvolgere e ad empatizzare con situazioni di tristezza piuttosto che con situazioni di felicità.

Il problema principale di questo tipo di comunicazione è rappresentato dalla possibilità di cadere in cliché, ottenendo così il risultato opposto di quello desiderato.

Ciò accade spesso nelle iniziative a scopo commerciale: associare un prodotto alla tristezza, tentando di provocare commozione nel potenziale cliente, può causare invece in questo nervosismo e riluttanza nel lasciarsi coinvolgere emozionalmente.

Il cliente, in molti di questi casi, respinge il messaggio pubblicitario perché si sente quasi preso in giro, domandandosi se si stia giocando con le sue emozioni per trarne un profitto economico.

Sicuramente anche tu ti sarai trovato dalla parte del cliente in almeno un'occasione del genere, e non penso proprio che la tua idea di quel brand sia ad oggi molto positiva.

Questa tattica, invece, è molto più efficace nella comunicazione di eventi, campagne di beneficenze ed enti no-profit.

Questi sono scenari in cui l'audience è molto più portata a lasciarsi coinvolgere da queste emozioni.

Proseguendo troviamo la **rabbia**.

Anche in questo caso troviamo un'emozione negativa, cerchiamo di capire come puoi utilizzarla a tuo favore.

Questa tattica è decisamente meno usata rispetto alle due precedenti nella comunicazione, in quanto la rabbia è un sentimento molto più "animalesco" e più difficilmente controllabile.

Di conseguenza può essere complicato prevedere le reazioni da parte dei clienti.

In una pubblicità, una buona tecnica per utilizzare questo sentimento è la *compensazione*.

Cerco di spiegarmi meglio.

La compensazione, in questo caso, consiste nel creare, ad esempio sempre nel caso di una pubblicità, una sensazione sgradevole, che per l'appunto provochi rabbia nello spettatore.

Piantato il seme della rabbia, prima della fine della pubblicità, si deve attuare un capovolgimento della situazione, compensando la rabbia provata all'inizio con un senso di soddisfazione.

La causa di questa soddisfazione deve essere ciò che si sta cercando di comunicare.

Ad esempio, si potrebbe mostrare una situazione di ingiustizia (provocando rabbia), per poi farla risolvere riportando la giustizia (provocando soddisfazione).

Questo cambio di emozioni deve accadere ad opera, ad esempio, del prodotto che si sta pubblicizzando, il quale sarà quindi associato ad un'emozione positiva.

Infine, arriviamo all'ultima emozione, ovvero la **sorpresa**.

Qua c'è poco da spiegare e in parte sono concetti già detti all'inizio del capitolo.

Una buona tattica di comunicazione è rompere le regole, sfondando i canoni e i trend vigenti in quel momento.

Il brand verrà associato a qualcosa di estremamente sovversivo, capace, appunto, di destare sorpresa.

In questo modo il marchio rimarrà ben impresso nelle mente dei clienti, anche come un qualcosa di audace e capace di rompere gli schemi.

In questo modo l'azienda acquisisce molta più visibilità, causando magari anche discussioni capaci di far diventare la propria comunicazione virale su grande scala.

Queste sono le quattro grandi macro-aree emozionali su cui i più grandi esperti di marketing lavorano.

Ovviamente questi concetti ben si integrano con quelli visti nei capitoli precedenti.

Ora che ti è stata spiegata la teoria generale e come viene utilizzata in ambito della comunicazione aziendale, è il momento di capire come queste nozioni possono tornare utili nella vita di tutti i giorni, sia professionale che personale.

In fondo, è questo ciò che ci interessa.

3.2 Come influenzare le persone tramite gli stati d'animo

Come ormai avrai capito dopo aver letto il paragrafo precedente, conoscere tutte le tecniche di vendita e le teorie psicologiche che spiegano il funzionamento del cervello umano non sempre è sufficiente.

Abbiamo infatti visto come il modo migliore per convincere le persone, anche su grande scala, sia sfruttare le loro emozioni.

Passiamo ora a qualche esempio pratico nella vita di tutti i giorni.

Quante volte ti è capitato di trovarti davanti un venditore che non ti ha convinto?

Magari questo venditore era anche estremamente preparato sul suo prodotto, capace di illustrarti passo per passo tutte le sue caratteristiche.

Magari tu eri anche interessato all'acquisto di quel determinato bene, ma, alla fine, hai preferito prendere tempo prima di comprarlo perché non eri pienamente convinto.

Questo è uno scenario in cui si possono riconoscersi moltissime persone.

Ma perché ciò accade?

Le motivazioni possono essere molteplici, come ad esempio la presentazione di un prodotto che non aderiva completamente alle nostre esigenze, magari anche economiche.

Ma poniamo il caso che tutto fosse perfetto.

Sì, perché spesso non è sufficiente avere il prodotto giusto e la corretta preparazione per portare a termine una vendita.

Bisogna anche riuscire ad emozionare il cliente, cercando di entrare in sintonia con il proprio interlocutore.

Ovviamente questo discorso non vale solamente nel campo delle vendite, ma è applicabile a qualsiasi settore della vita, professionale e non, in cui si deve convincere qualcuno di una certa idea o di compiere una determinata azione.

Questo discorso è quindi tanto valido per un venditore di automobili, che deve convincere il cliente a comprare quel determinato modello, tanto quanto per un genitore che deve convincere il figlio a mangiare della verdura.

In entrambe questi scenari, bisogna essere in grado di convincere il proprio interlocutore a fare un qualcosa che darà sicuramente vantaggi sul lungo periodo, ma che nell'immediato obbliga a fare qualcosa di non troppo piacevole.

Il cliente dovrà sborsare dei soldi, il bambino dovrà mangiare i broccoli.

E sfido chiunque a trovare un bambino che preferisca i broccoli alla pizza.

E sfido chiunque a trovare un cliente che sia così felice di spendere soldi.

C'è un segreto per riuscire ad avere una comunicazione efficace quando bisogna convincere qualcuno a fare qualcosa di cui magari non ha troppo piacere.

Quel segreto è vendere prima se stessi, e solo successivamente il prodotto, il servizio o l'idea in questione.

Il metodo migliore e più efficace per fare ciò è sicuramente lavorare sulle emozioni e sugli stati d'animo.

È infatti stato provato che un venditore che riesce a comunicare e a trasmettere un ben preciso stato d'animo ha molte più probabilità di portare a termine una trattativa con successo.

Torniamo all'esempio fatto in apertura di paragrafo.

Perché se anche tutto andava per il meglio e il prodotto era perfetto, il cliente non lo ha acquistato?

Semplice, te lo dico subito.

Perché il venditore non gli ha trasmesso l'emozione.

Molte volte mi capita di andare in negozi e trovare venditori e commessi disponibili ad aiutare i clienti ed entusiasti del prodotto che stanno vendendo.

Ahimè, altrettante volte mi capita di avere a che fare con venditori, magari anche preparati, ma che non riescono a livello emotivo a comunicarmi perché dovrei comprare quel prodotto.

Indovinate dove farò il mio acquisto?

Scusate, domanda troppo banale: acquisterò dal primo venditore.

Questi esempi vogliono essere utili per farti capire un concetto fondamentale nella comunicazione tra persone, imprescindibile per riuscire ad influenzare le scelte altrui.

Quando parli con le persone, cerca sempre di provocare in loro uno stato d'animo: questo è il modo migliore per non lasciare il tuo interlocutore indifferente e convincerlo ad agire.

Come abbiamo visto nel primo paragrafo, le emozioni umane sono molto complicate, ma riconducibili a quattro aree: felicità, tristezza, rabbia e sorpresa.

Cerca di comunicare uno di questi stati d'animo mentre ti rapporti con le persone, che siano queste clienti, amici, parenti e così via.

Se devi vendere un qualcosa e sei magari alle prime armi, il mio consiglio è quello di puntare sulla felicità.

Questo, come abbiamo visto nel primo paragrafo, è il modo più semplice ed immediato per comunicare la bontà di un determinato bene o servizio.

Le altre tre macro-aree, per quanto anch'esse efficaci, sono molto più difficili da controllare e, usate da un utente non esperto, rischiano di provocare l'effetto opposto a quello desiderato.

Il consiglio, dunque, è quello di mostrarti sempre entusiasta di ciò che stai vendendo, trasmettendo così questa felicità anche al tuo interlocutore.

Certo, non è assolutamente facile mantenere alta quell'emozione per un periodo prolungato di tempo.

Nel paragrafo successivo ti spiegherò allora un'efficace tecnica per riuscirci al meglio.

3.3 La tecnica dell'Ancoraggio

L'**ancoraggio** è una tecnica derivante dalla **PNL**.

Per chi ancora non conoscesse la PNL (acronimo per **Programmazione Neuro Linguistica**), basti sapere che è un famoso metodo di comunicazione, oltre che ad un sistema di life coaching e self-help, nato in California negli anni Settanta e poi diffusosi in tutto il mondo.

La tecnica dell'ancoraggio riprende alcuni dettami classici della PNL per riuscire a suscitare una determinata emozione.

Con questa tecnica, infatti, viene associata una sensazione fisica ad una risposta emotiva, in modo non molto diverso da quanto si insegna nelle grandi scuole di recitazione di Hollywood.

Cerchiamo di capire questa tecnica un po' più nel dettaglio.

Uno dei punti saldi della PNL vede nel nostro stato d'animo il motore per le nostre azioni.

Di conseguenza, se non abbiamo lo stato d'animo giusto per compiere una determinata azione, non riusciremo a portarla a termine nel modo più corretto.

Un po' quello che abbiamo visto nel paragrafo precedente: se non si riesce a trasmettere la giusta emozione, sarà impossibile comunicare efficacemente un'idea.

Per ricercare il giusto stato d'animo, ecco che ci viene in aiuto la tecnica dell'ancoraggio.

Tramite questa tecnica, riusciremo a controllare quello stato d'animo.

Per farlo, prova a visualizzare intensamente un momento nel tuo passato in cui hai provato quella determinata sensazione a cui ora vuoi avere accesso.

Se vuoi comunicare entusiasmo per un'idea, devi mostrarti entusiasta; per mostrarti entusiasta, devi esserlo.

Cerca quindi di visualizzare un episodio in cui hai provato entusiasmo e tienilo bene a mente.

Bisogna poi associare a questo stato d'animo uno stimolo, il cosiddetto **trigger**.

Il trigger sarà ciò che susciterà in te quella determinata emozione; può essere una parola, un suono, un profumo, un gesto o anche una combinazione di queste cose: non fa differenza.

Ogni volta che ti servirà richiamare un'emozione, utilizza il trigger per farlo.

Ma non è tutto.

Sì, perché una volta diventati esperti dopo aver usato per molto tempo questa tecnica su di sé, sarà possibile utilizzarla direttamente sul proprio interlocutore.

Per farlo, che ne sia più o meno a conoscenza, bisogna guidarlo, facendogli rivivere un determinato stato d'animo.

Una volta che il tuo interlocutore è in quello stato d'animo, bisogna associare il trigger.

A questo punto, non resta che richiamare lo stato d'animo quando necessario tramite il trigger a cui è stato ancorato.

Se non conoscevi già questa tecnica, immagino che tu possa pensare a quanto sia banale e, probabilmente, inefficace.

Bene: non è così.

Certo, è una tecnica dalle basi semplici, ma ti assicuro che non è così facile da applicare nella pratica.

Per questo motivo ti consiglio di allenarti parecchio prima di utilizzarla in una trattativa importante.

Per quanto riguarda la sua efficacia, c'è poco da dire.

Questa tecnica è efficace.

Punto.

Te lo provo con un semplice esempio.

Sono sicuro che anche tu hai un colore, un odore, una qualche frase o un qualche gesto che ti rimanda alla mente un episodio che ti è capitato nella tua vita, magari quando frequentavi il liceo, che a sua volta ti riporta all'emozione che hai provato in quel momento.

Personalmente, posso testimoniare che ci sono molte frasi e gesti che mi riportano alla mente episodi della mia adolescenza e della mia infanzia, facendomi provare a volte felicità, a volte rabbia, tristezza e via dicendo.

Ecco, questi sono esempi, molto semplici, di ancoraggio.

L'ancoraggio infatti, non è un qualcosa di inventato, ma risponde alle logiche del nostro pensiero, sia che siamo consci di applicare questo meccanismo, sia che non lo siamo.

Un buon comunicatore deve conoscere questi metodi e deve essere capace di sfruttare queste tecniche a proprio vantaggio.

3.4 Riepilogo

In questo capitolo abbiamo visto l'importanza del conoscere le emozioni e come utilizzarle nella pratica per influenzare le scelte delle persone creando efficaci campagne marketing.

Abbiamo visto che tutte le emozioni dell'uomo sono riconducibili alle seguenti quattro aree:

- Felicità
- Tristezza
- Rabbia
- Sorpresa

Trasmettere le giuste emozioni, suscitando il giusto stato d'animo è fondamentale per avere una buona comunicazione.

Per farlo, è necessario essere prima di tutto convinti noi stessi di quella determinata emozione.

Infatti, prima di vendere il proprio prodotto o un'idea, è necessario vendere se stessi.

Comunicare emozioni è quindi il metodo più efficace per influenzare le persone.

Non è però facile mantenere una determinata emozione e trasmetterla al proprio interlocutore.

Una tecnica per fare ciò è l'ancoraggio.

Con la tecnica dell'ancoraggio si associa un'emozione che abbiamo provato in passato ad un trigger, ovvero una sorta di bottone per riportare in vita, nel momento del bisogno, un determinato stato d'animo.

Abbiamo visto come questa tecnica può tornare utile nella pratica: si può usare su se stessi per entrare in uno stato d'animo che si vuole comunicare (o anche solo per stare bene), oppure la si può usare sul proprio interlocutore per far entrare lui in un preciso stato d'animo.

Esercizi Capitolo 3

Per ogni affermazione, scegli tra "Vero" e "Falso". Le soluzioni le trovi nella pagina successiva alla fine degli esercizi.

1. Le emozioni sono particolarmente importanti nella comunicazione tramite media, sia tradizionali che social.

- ☐ Vero
- ☐ Falso

2. Associare un'emozione ad un brand non è una buona idea di marketing.

- ☐ Vero
- ☐ Falso

3. Una buona campagna di marketing si basa sempre sulla comunicazione di un'emozione positiva.

- ☐ Vero
- ☐ Falso

4. Ci sono due tipi di modi di comunicare felicità: tramite la risata e tramite sensazioni positive.

- ☐ Vero
- ☐ Falso

5. La rabbia, se usata a dovere, è un'emozione molto utile a livello di marketing.

- ☐ Vero
- ☐ Falso

6. Lavorare sulle emozioni del proprio interlocutore è utile ed efficace nella vita quotidiana tanto quanto lo è in campo pubblicitario per le grandi aziende.

☐ Vero

☐ Falso

7. L'ancoraggio è una tecnica che permette di "ancorare" uno stato d'animo ad uno stimolo.

☐ Vero

☐ Falso

8. Il trigger è lo stimolo per mettere fine al ricordo dello stato d'animo.

☐ Vero

☐ Falso

9. Il trigger deve essere per forza uno stimolo visivo.

☐ Vero

☐ Falso

10. È possibile usare la tecnica dell'ancoraggio direttamente sul proprio interlocutore.

☐ Vero

☐ Falso

1. Vero
2. Falso
3. Falso
4. Vero
5. Vero
6. Vero
7. Vero
8. Falso
9. Falso
10. Vero

4 Il magnetismo personale

4.1 Cos'è il magnetismo personale

Quando si parla di magnetismo personale s'incontra immediatamente un problema non da poco.

Qual è la definizione precisa del concetto di magnetismo personale?

Per quanto tutti nella pratica possiamo capire cosa sia, spiegarlo a parole e scriverlo su carta non è un compito così semplice.

Il modo migliore per fartelo capire è con un esempio che faccia appello alla tua esperienza.

Ti è mai capitato di incontrare una persona che, senza fare niente di speciale, riuscisse subito a conquistare la tua fiducia?

Una persona che ti fa venire voglia di stare in sua compagnia, senza che faccia nulla di speciale.

Ecco, se la risposta è sì, allora sappi che quella determinata persona era dotata di un gran magnetismo personale.

Il magnetismo personale, infatti, è quella sorta di misteriosa energia che alcune persone riescono ad emettere.

Un fascino particolare che questi individui riescono a provocare, anche senza fare nulla di speciale.

Non è necessario che queste persone siano particolarmente attraenti, intelligenti, simpatiche o spiritose, ma è la loro stessa presenza che riesce a provocare queste sensazioni a chi sta loro accanto.

Si potrebbe dire che le altre persone vengono automaticamente "attirate" agli individui dotati di gran magnetismo personale.

Questa analogia tra il termine "attirare" e "magnetismo" ben riesce a comunicare in cosa consiste questo fenomeno: le persone sono portate a stare vicino a questa categoria di individui, senza che magari sappiano nemmeno il perché di questa attrazione.

Come avrai ormai capito, arrivato a questo punto del libro, non mi piace soffermarmi in definizioni così generiche, ma cerco sempre di andare oltre, più in profondità.

Voglio capire il perché di un determinato fenomeno, per poi riuscire a sfruttarlo a mio vantaggio nella pratica.

Anche in questo caso, allora, proviamo a studiare il comportamento di questo tipo di persone, cercando prima di capire come fanno ad essere così affascinanti, e poi, in un secondo momento, come fare a trarre profitto nella pratica da ciò che abbiamo imparato.

Tutte le persone dotate di grande magnetismo personale, infatti, sono accomunate da alcuni atteggiamenti.

Cerchiamo di analizzarli insieme.

Al primo posto vi è l'**assenza di pensieri negativi**.

O per lo meno questo è ciò che riescono a comunicare.

Queste persone sembrano infatti riuscire a trasmettere solo vibrazioni positive, riuscendo quasi a rischiarire la stanza al loro ingresso e migliorando l'umore di chi vi sta in compagnia.

Come abbiamo visto nel capitolo precedente, per comunicare un'emozione, bisogna crederci in quell'emozione.

Di conseguenza è lecito dire che gli individui dotati di grande magnetismo personale riescono a trasmettere sensazioni positive, proprio perché sono ricchi di sensazioni positive, annullando, o per lo meno riducendo drasticamente, tutti i pensieri negativi.

Come secondo punto, c'è l'incredibile **scorta infinita di energie**.

L'avrai sicuramente notato.

Le persone dotate di un grande magnetismo personale sembrano non essere mai stanche.

Magari si svegliano presto e vanno a dormire tardi.

Magari nel corso della giornata lavorano, studiano, fanno i mestieri in casa, la spesa, cucinano e la sera escono con gli amici.

Per questo tipo di persone non esiste la scusa dell'essere troppo stanco e del non avere tempo.

Queste persone non sono mai stanche e il tempo, in qualche modo, lo trovano sempre.

Si può dire anche che questa caratteristica influenzi molto il primo punto: una persona che non si lamenta mai di quanto sia dura la sua vita e continui imperterrita a svolgere duemila compiti al giorno, emanerà sicuramente molte più sensazioni positive rispetto ad una persona che non fa altro che lamentarsi.

Arriviamo al terzo e ultimo punto, quello che, secondo me, è il più importante della lista.

Le persone dotate di grande magnetismo personale **non ricercano l'approvazione degli altri**.

Queste persone agiscono non per fare ciò che gli altri vogliono che facciano, ma agiscono esprimendo se stessi.

Così facendo, in un incredibile quanto interessante paradosso, non fanno altro che trovare ancora di più l'approvazione altrui.

Un'ottima lezioni per tutti, direi.

Queste sono le caratteristiche principali che consentono alle persone dotate di un grande magnetismo personale di attirare a sé gli altri individui, proprio come se fossero una calamita.

In questo modo, le persone dotate di grande magnetismo personale, vengono immediatamente percepite come dei leader naturali, magari senza nemmeno esserne totalmente consci.

Queste persone riescono di conseguenza ad essere subito considerate affidabili, sicure, diventando così molto più semplice per loro influenzare nelle decisioni i propri interlocutori.

Chi rientra in questa categoria di persone dalla nascita, senza essersi minimamente sforzato di acquisire le caratteristiche sopraelencate, è sicuramente una persona molto fortunata.

Se questo è il tuo caso, buon per te: ti faccio i miei complimenti.

Sono sicuro che avrai già imparato a gestire questa tua qualità sia in ambito lavorativo che nella vita privata.

Se invece non sei dotato di un grande magnetismo personale, ho una buona notizia da comunicarti.

È possibile accrescere il proprio magnetismo personale, seguendo alcuni semplici consigli.

Come farlo, te lo spiegherò nel prossimo paragrafo.

4.2 Come aumentare il proprio magnetismo personale: le regole di Atkinson

Come si diceva, è possibile lavorare per aumentare il proprio magnetismo personale, riuscendo così ad attirare a sé le altre persone.

Questa capacità può essere tanto utile nella vita privata, quanto in quella lavorativa.

Come abbiamo visto, le persone dotate di grande magnetismo personale non solo riescono ad attrarre a sé altri individui, ma riescono ad essere percepite da essi come affidabili.

Va da sé che in questo modo sarà molto più facile influenzare i propri interlocutori, convincendoli più facilmente a seguire le proprie idee e direttive.

Soprattutto per questo motivo è importante intraprendere un percorso che porti ad uno sviluppo del proprio magnetismo personale.

Molti studiosi e scrittori si sono interessati a questi argomenti, ognuno cercando di dare il proprio contributo alla diffusione di alcune determinate conoscenze in questo ambito.

Tra gli autori più apprezzati del settore, vi è sicuramente **William Atkinson**.

Atkinson è autore di diversi testi a tema magnetismo personale e, più in generale, a tema self-help.

Il libro che più di tutti è riuscito a dargli autorevolezza e fama in tutto il mondo è senza ombra di dubbio *Corso avanzato in magnetismo personale*.

Questo è un libro illuminante ed eccellente sotto tutti i punti di vista, ampiamente apprezzato nel settore.

Atkinson ha avuto un approccio duplice nella stesura di questo libro, unendo da una parte alcune sue intuizioni e studi, dall'altra le conoscenze apprese dai numerosi testi sull'argomento.

Una delle parti più interessanti del libro è quella iniziale.

Qua, Atkinson sceglie di stilare una lista di regole, utilissime per chiunque voglia accrescere il proprio magnetismo personale.

Queste regole possono essere messe in pratica da chiunque, necessitando solamente di buona forza di volontà, dando incredibili benefici.

Seguendo attentamente questi punti, riuscirai ad intraprendere un percorso di crescita che ti porterà a sviluppare il tuo magnetismo personale, aiutandoti di conseguenza ad aver un maggior fascino sulle persone.

Come abbiamo visto, un maggior fascino corrisponde ad una maggiore facilità nell'influenzare le scelte altrui.

Dopo questo preambolo, è finalmente giunto il momento di vedere le **regole di Atkinson** per aumentare il proprio magnetismo personale.

Il primo punto è **credere in se stessi**.

Sì, lo so.

Questo è un assunto tra i più inflazionati nel mondo della crescita personale.

In questo caso, però, ti vorrei far notare che se vuoi accrescere il tuo magnetismo personale è sicuramente necessario essere dotati di una buona autostima, ma questa caratteristica da sola non può essere sufficiente.

Non devi cadere nell'errore di illuderti di avere competenze che non hai: se ti vanti troppo senza mostrare le prove delle tue capacità, perderai autorevolezza agli occhi del tuo interlocutore, che non farà altro che reputarti un ciarlatano.

Prima ancora di credere in te stesso, il consiglio che mi sento di darti è quello di conoscere te stesso e capire quali siano le tue reali abilità: avrai poi sempre tempo per acquisirne altre.

Questo è il primo passo per sviluppare il tuo magnetismo personale.

La seconda regola è quella di **decidere di credere in se stessi**.

Credere in se stessi non è sufficiente anche da un secondo punto di vista.

Se non si agisce, tutto il discorso viene meno e i miglioramenti, conquistati con tanto impegno, diventano inutili.

Per agire con sicurezza e coraggio, è necessario che tu compia un passaggio conscio in cui scegli di comportarti con autostima.

Le persone intorno a te se ne accorgeranno.

Proseguendo, troviamo la **consapevolezza nei propri strumenti**.

Cerca di capire quali siano le caratteristiche che attualmente possono permetterti di sviluppare il tuo magnetismo personale.

In poche parole, comprendi quali sono i tuoi punti di forza e utilizzali come base per sviluppare le tue discussioni.

D'altra parte, però, cerca di comprendere in cosa non sei bravo, cercando di migliorare in quel determinato campo se lo ritieni importante.

Per farlo, puoi non solo osservare i tuoi comportanti, comprendendo i punti in cui sei in difficoltà durante una conversazione, ma lo puoi fare anche osservando persone che ritieni essere dotate di grande magnetismo personale, cercando di comprendere quali siano i loro punti di forza per farli diventare anche i tuoi.

Alcuni spunti interessanti sul comportamento tipico di questa categoria di persone te li ho spiegati nel primo capitolo: prendili come punto di partenza, ma sentiti libero di implementare la lista con altre tue intuizioni.

Scegli quindi in quale campo migliorare per sviluppare il tuo magnetismo personale.

A questo punto può tornarti utile il seguente consiglio.

Prendi un quadernino e appuntati ogni volta che noti miglioramenti nelle tue capacità comunicative.

Annotati anche i tuoi punti carenti: ti serviranno per migliorare sempre di più.

La quarta regola di Atkinson ti intima di **non parlare a vanvera**.

Non dire qualcosa se non sei sicuro di ciò che stai dicendo o se la conosci solo per sentito dire.

La parola è un'arma molto importante: non abusarne.

Come accennato nel primo punto, inoltre, dire cose false è solamente controproducente per la tua credibilità.

Proseguiamo con la quinta regola: **non essere egoista**.

Questo non vuol dire privarsi di quel sano egoismo verso se stessi: questa è la forza che ti fa diventare ambizioso.

Con questa regola, Atkinson ti consiglia di condividere le tue risorse, le tue conoscenze e apprezzare la compagnia dei tuoi cari.

Facendo ciò diventerai una persona più positiva, riuscendo di conseguenza a trasmettere più facilmente sensazioni positive.

La sesta regola di consiglia di **trattare le persone con tatto**.

Essere maleducati e "oltrepassare il limite", non farà altro che spingere le persone con cui ti stai interfacciando ad alzare un muro nei tuoi confronti.

Di conseguenza diventerà molto più complicato persuaderle ed influenzarle.

Mostrandoti gentile, invece, riuscirai ad aumentare il tuo magnetismo personale, guadagnando così la fiducia delle persone.

Un punto davvero molto importante è quello di **adattarsi al contesto in cui ci si trova**.

Cerca di comprendere i comportamenti delle persone che ti circondano in un determinato momento e gli usi sociali dell'ambiente in cui ti trovi.

Facendolo, ricordati sempre di apparire naturale, senza far percepire che magari lo stai facendo solo per ottenere un vantaggio, come ad esempio vendere un prodotto: le persone lo percepiscono.

Presta molta attenzione a questa abilità: adattarsi velocemente e con facilità in qualsiasi contesto sociale, è un punto importantissimo per sviluppare il proprio magnetismo personale.

Altro punto molto importante è l'ottava regola: **tieni sempre la mente aperta**.

Avere la mente aperta è una caratteristica comune a tutte le persone di successo.

Dire sempre di no alle nuove opportunità e mostrarsi costantemente reticente, non farà altro che spingere i tuoi interlocutori ad alzare un ulteriore muro alle tue proposte.

Prova a ragionarci.

Se ogni volta che ti propongono un qualcosa tu dici di no, perché poi quando sarai tu a proporre loro una tua idea la gente dovrà dirti di sì?

Ecco, tieni bene a mente questa domanda.

Certo, non ti sto dicendo di accettare tutto ciò che ti viene proposto: sarebbe stupido.

Ti sto però dicendo che devi sempre dimostrarti interessato ed ascoltare le proposte altrui, per poi valutare con razionalità le tue decisioni.

Mostrarti quantomeno interessato, farà in modo che anche gli altri saranno interessati a te.

Regola numero nove: **sii elegante**.

No, non devi andare sempre in giro in smoking: devi essere elegante nell'atteggiamento.

Questo punto ben si integra con l'adattarsi a contesti diversi.

Cerca di comprendere sempre se con una determinata persona, o in compagnia di un certo gruppo, puoi permetterti di essere sarcastico o fare un certo tipo di battute.

Questo è un punto molto delicato: fare un'uscita poco elegante, una cosiddetta "caduta di stile", può completamente azzerare il tuo magnetismo.

Prima di fare, ad esempio, una battuta, rifletti bene su come i tuoi interlocutori la valuteranno: divertente o poco elegante?

Arrivati quasi alla fine della lista, troviamo la decima regola: **mantieni l'autocontrollo**.

Anche qua torna il concetto della comunicazione delle emozioni (sei convinto ora della sua importanza?): se riesci a controllare le tue emozioni, sarà più facile controllare anche quelle del tuo interlocutore, attirandolo a te e influenzando le sue scelte.

Se invece non sei abile a controllare le tue emozioni, ti sarà molto più difficile controllare anche quelle del tuo interlocutore.

In ultimo, non in ordine di importanza, **impara ad usare il tuo sguardo**.

Lo sguardo è il punto di ingresso tramite il quale due persone entrano in contatto, nonché il modo migliore per esternare il proprio stato d'animo.

Lo sguardo è quindi un fattore d'importanza cruciale in tutte le tecniche di comunicazione: se riesci a controllare il tuo sguardo, usandolo per esprimere la tua sicurezza, riuscirai ad accrescere a dismisura il tuo magnetismo personale.

Queste sono le regole chiaramente esplicitate da Atkinson.

Leggendole, si potrebbe affermare con sono riassumibili in tre grandi macroaree:

1) **Padronanza di se stessi**: conosci le tue abilità e lavora sia per agire con sicurezza, sia per acquisire nuove competenze
2) **Mentalità aperta**: tieniti sempre pronto ad ascoltare nuove proposte e non mostrarti mai reticente a priori verso le idee altrui. Mostrati sempre generoso e ben disposto verso le altre persone, ma non per questo falso
3) **Adattabilità**: modula le tue emozioni per adattarti in ogni contesto. Valuta chi hai davanti e comportati di conseguenza. Ricordati che ogni persona risponderà diversamente a una determinata affermazione, domanda o battuta, quindi pensa bene a cosa dire e a come dirlo prima di parlare.

Se tieni bene a mente queste istruzioni e le applichi nella pratica, sicuramente riuscirai a sviluppare un gran magnetismo personale, aumentando di conseguenza il potere di persuasione che puoi avere sulle altre persone.

Certo, lo so: alcune di queste regole sono difficili da seguire, in particolar modo quelle che ci obbligano a mutare alcuni atteggiamenti dettati dal nostro carattere e ormai sedimentati nel nostro *Io*.

Come detto ad inizio del paragrafo, infatti, è possibile sviluppare il proprio magnetismo personale anche per coloro che non ne sono naturalmente dotati in gran quantità, ma per farlo sono ingredienti necessari la perseveranza e una grande forza di volontà nell'applicazione pratica.

D'altronde, le cose migliori della vita non possono mica essere alla portata di tutti.

4.3 Riepilogo

In questo capitolo abbiamo visto come per alcune persone sia più facile rispetto che per altre attirare a sé e influenzare la gente.

Le persone a cui questo compito risulta più facile sono coloro che sono dotate di un maggior magnetismo personale.

Il magnetismo personale, infatti, è quella capacità per cui si riesce ad attirare a sé le persone e a risultare a queste immediatamente affidabili.

In generale le persone dotate di grande magnetismo personale presentano almeno queste tre caratteristiche:

1) Assenza di pensieri negativi
2) Grande riserva di energie
3) Non ricerca dell'approvazione altrui

Ci sono persone che nascono con un gran magnetismo personale e persone che purtroppo non hanno questa fortuna.

Fortunatamente è possibili per tutti sviluppare il proprio magnetismo personale e farlo è un ottimo modo per riuscire ad influenzare più facilmente le persone

Ci sono diversi metodi per raggiungere questo obiettivo.

Tra questi, uno dei più apprezzati è quello di Atkinson.

Atkinson ha stilato una lista di regole da seguire nella pratica per sviluppare il proprio magnetismo personale, ovvero:

- Credi in te stesso
- Decidi di credere in te stesso
- Sii consapevole dei tuoi strumenti
- Non parlare a vanvera
- Non essere egoista
- Tratta le persone con tatto
- Adattati al contesto in cui ti trovi
- Tieni la mente aperta
- Sii elegante
- Mantieni sempre l'autocontrollo

- Impara ad usare il tuo sguardo

Queste regole possiamo riassumerle in tre grandi concetti:

1) Padronanza di se stessi
2) Mentalità aperta
3) Adattabilità

Tenere bene a mente e applicare queste regole, nella pratica, può non rivelarsi facile, ma sicuramente farlo costituisce un passo importante verso lo sviluppo del proprio magnetismo personale, facilitando di conseguenza l'efficacia delle tecniche di persuasione.

Esercizi Capitolo 4

Per ogni affermazione, scegli tra "Vero" e "Falso". Le soluzioni le trovi nella pagina successiva alla fine degli esercizi.

1. Si è più portati a fidarsi delle persone dotate di grande magnetismo personale.

☐ Vero
☐ Falso

2. Le persone con grande magnetismo personale appaiono spesso molto energiche.

☐ Vero
☐ Falso

3. Le persone con grande magnetismo personale ricercano sempre l'approvazione del proprio interlocutore.

☐ Vero
☐ Falso

4. Le uniche persone dotate di magnetismo personale sono coloro con un aspetto molto attraente.

☐ Vero
☐ Falso

5. Si può sviluppare il proprio magnetismo personale attraverso un percorso di crescita.

☐ Vero
☐ Falso

6. Avere una buona autostima, se supportata dai fatti, aiuta il proprio magnetismo personale.

☐ Vero

☐ Falso

7. Per sviluppare il tuo magnetismo personale è necessario che in una discussione tu dica sempre la tua opinione, anche se non sei sicuro di ciò che dici.

☐ Vero

☐ Falso

8. Per sviluppare il tuo magnetismo personale, tieni per te le tue conoscenze.

☐ Vero

☐ Falso

9. Per sviluppare il tuo magnetismo personale, cerca sempre di fare battute per apparire più simpatico.

☐ Vero

☐ Falso

10. Avere una mentalità aperta è fondamentale per sviluppare il proprio magnetismo personale.

☐ Vero

☐ Falso

Soluzioni domande Capitolo 4

1. Vero
2. Vero
3. Falso
4. Falso
5. Vero
6. Vero
7. Falso
8.Falso
9. Falso
10. Vero

5 La comunicazione ipnotica

5.1 Cos'è la comunicazione ipnotica

Quando si parla di manipolazione mentale e tecniche di persuasione diventa impossibile non fare per lo meno un accenno alla comunicazione ipnotica.

Con comunicazione ipnotica non si intende il metodo con cui praticare ipnosi, costringendo di conseguenza i nostri interlocutori a dire o fare cose.

La comunicazione ipnotica è invece un modo di comunicare, che non riguarda solo cosa si dice, ma anche e soprattutto come lo si dice.

La comunicazione ipnotica è quindi un atteggiamento: un modo di porsi per facilitare l'instaurazione dell'empatia con il proprio interlocutore.

Come abbiamo visto nei capitoli precedenti, questo è un passaggio molto importante per rendere più efficace l'applicazione pratica delle tecniche di persuasione.

Prima di procedere a spiegarti nella pratica in cosa consiste la comunicazione ipnotica, e perché certi atteggiamenti possono aiutarti e altri no, devo per forza insegnarti un concetto molto importante sulla comunicazione.

Per influenzare le scelte di una persona, l'importante non è tanto cosa si dice, ma come lo dice.

Questa affermazione ti potrà sembrare strana, ma la verità è questa.

Numerosi studi hanno infatti dimostrato come le **parole** utilizzate in un discorso e in una trattativa, ne influenzino l'esito solamente per il 7%.

Il restante 93% è invece occupato dalla **voce** e dal **linguaggio del corpo**, fattori che emergono così come molto più importanti rispetto al vero contenuto del dialogo.

In particolare, si è visto come la voce sia capace di influenzare l'esito di una discussione per circa il 38%, mentre il linguaggio del corpo, la cosiddetta comunicazione non verbale, influisce per il 55%, un numero esorbitante se si pensa che non coinvolge le parole, ovvero quelle che su un piano logico dovrebbero essere il fulcro di un dialogo!

Queste percentuali ricalcano comunque ciò che hai imparato nei capitoli precedenti: porsi con un certo atteggiamento, conoscere i principi che fanno muovere l'essere umano e far leva sulle emozioni del proprio interlocutore, sono fattori molti più importanti rispetto che a fornire, ad esempio, un semplice elenco delle caratteristiche del prodotto che si sta cercando di vendere.

Riassumendo brevemente quanto detto, prima di passare alla pratica, ricordati che per avere una comunicazione ipnotica devi stare attento a tre fattori del tuo atteggiamento: le parole, il tono di voce e il linguaggio del corpo.

Nei prossimi paragrafi vedremo passo per passo come impostare al meglio nella pratica ognuno di questi.

5.2 Le parole

Come detto, le parole, nella comunicazione ipnotica, influiscono in media solo per il 7% sul risultato finale di un dialogo, ma non per questo bisogna essere superficiali nella loro scelta.

Rimane infatti comunque molto importante saper scegliere i giusti termini per esprimere ciò che si ha in mente, altrimenti si rischia di incappare in errori banali, che possono mandare a monte l'impegno messo per raggiungere il proprio obiettivo nella discussione.

Per prima cosa, devi essere preparato sul discorso.

Il contenuto rimane sempre il fulcro in un dialogo, soprattutto in una trattativa.

Non parlare quindi a vanvera, ma cerca sempre di padroneggiare i giusti concetti per comunicare ciò che ti sei prefissato.

Se ad esempio devi vendere un immobile, è necessario che tu sappia padroneggiare al meglio i termini, sia tecnici che popolari, per riuscire a mettere in risalto quel determinato bene che stai cercando di vendere.

Tuttavia, questo è solo il primo passo.

Rimanendo in questo contesto, voglio farti notare come ci siano alcuni termini capaci di causare reticenza nel tuo interlocutore, quando possono tranquillamente essere sostituiti con altre parole più morbide e meglio digeribili in un discorso.

Il caso più lampante riguarda quelle parole classificate come **connettivi psicologici**.

Rientrano in questa categoria i termini "oppure", "ma", "però", "e", "tuttavia".

Ognuno di questi termini ha una funzione ben specifica nella lingua italiana, ma se si sta cercando di applicare delle tecniche di persuasione sul proprio interlocutore, alcune di queste parole sono da evitare, in favore di altre.

Facciamo qualche esempio.

Si sente spesso dire "tutto ciò che viene prima del «ma» non conta", e nel nostro cervello funziona proprio così!

Il "ma", così come il "però", sono degli utili connettori logici nella lingua italiana.

Il problema principale, nel contesto della comunicazione ipnotica, è che queste parole diano, più o meno consciamente, l'idea che tutto ciò è stato detto fino a quel momento sia completamente da annullare.

Tutto falso o inutile.

Prova a ragionare su questa frase.

"Ci ho provato con tutto me stesso, **ma** ho fallito".

Secondo te, qual è il messaggio principale che passa?

La risposta è ovviamente che il messaggio che rimane più impresso nella mente del tuo interlocutore è "ho fallito", diminuendo di conseguenza drasticamente l'importanza dell'*averci provato*.

In un normale dialogo o in un libro, l'utilizzo del "ma" va sicuramente molto bene, anzi potrebbe addirittura causare effetti linguistici particolari e desiderati dall'autore.

Quando si parla di comunicazione ipnotica, no: queste parole sono da evitare.

Cerca di sostituire termini fortemente avversativi, come appunto "ma" e "però", con parole più leggere, ad esempio "tuttavia".

Il tuo messaggio in questo modo passerà in modo più agevole e con più efficacia.

La migliore parola in questo contesto rimane "oppure".

Usando "oppure", se ad esempio stai mostrando in una trattativa due opzioni, una con dei vantaggi e l'altra con altri, riuscirai a mostrare la giusta enfasi ed attenzione su entrambi i prodotti, facendo emergere il secondo (quello introdotto da "oppure") come un qualcosa che il cliente, senza il tuo intervento, non avrebbe mai pensato.

Utilizzando "e", invece, si darà l'idea di offrire due alternative ugualmente valide.

In generale, è lecito affermare che, se stai cercando di influenzare le scelte del tuo interlocutore, è bene evitare l'uso di termini troppo duri, soprattutto quando si tratta di questi connettivi psicologici, favorendo invece parole più morbide e facilmente digeribili per chi ti ascolta.

5.3 La voce

La voce, come abbiamo visto, è il secondo fattore della comunicazione ipnotica.

Fattore, tra l'altro, molto più importante rispetto alle singole parole.

La voce è determinante nella comunicazione, in quanto è uno dei mezzi principali per comunicare le nostre emozioni.

Tuttavia, rispetto alle parole, è molto più difficile da controllare.

Per questo motivo, se riesci a dominare questo fattore, durante le conversazioni apparirai più sincero e naturale, riuscendo così ad influenzare più facilmente i tuoi interlocutori.

Per farlo, devi prima di tutto comprendere da cosa è composta la voce.

Possiamo dividere la voce in tre fattori differenti, che, uniti, caratterizzano il modo con cui ci esprimiamo.

Questi tre fattori sono il tono di voce, il volume e la velocità.

Ma quali sono le caratteristiche che deve avere una voce nella comunicazione ipnotica?

Hai presente quel tuo professore al liceo che parlava sempre con lo stesso tono di voce piatto annoiandoti a morte?

Ecco: tu cerca di evitare questo effetto.

La voce, infatti, deve avere musicalità, modulandosi su vari toni, cambiando il volume e la velocità delle nostre parole.

Vediamo come fare nella pratica.

Il primo punto che andiamo ad analizzare è il **tono della voce**.

Questo non deve essere né troppo acuto o troppo grave; né troppo nasale o troppo toracico.

Il tono della tua voce deve modularsi su una frequenza che potremmo definire media.

Quel tipo di frequenza tipica della voce che senti nascere tra la bocca e la gola.

Può non essere semplice trovare il tono giusto: ognuno di noi nasce con una propria frequenza naturale e cercare di cambiarla può richiedere molto impegno.

Per farlo, è necessario impegnarsi ed allenarsi molto.

Un ottimo modo è quello di leggere ad alta voce un libro, ricercando proprio quel tono giusto nella tua voce.

In questo esercizio ti consiglio di registrarti: la voce che senti tu, non è quella che sentono gli altri, registrarti ti aiuta quindi a capire come le persone percepiscono la tua voce.

Trovato il tono giusto, cambialo.

Non sto scherzando.

Quel tono deve fungere solo come partenza per la tua comunicazione.

Per evitare di fare come quel professore di liceo, modula continuamente il tono, facendolo diventare al bisogno leggermente più acuto o leggermente più grave.

In questo modo riuscirai da una parte a comunicare meglio il tuo stato d'animo (e ad influenzare quello del tuo interlocutore), dall'altra parte riuscirai a mantenere sempre alta l'attenzione di chi ti ascolta.

Stesso discorso vale per il **volume**.

Non deve essere né troppo alto, né troppo basso.

Un volume troppo alto farà risultare la tua comunicazione aggressiva e confusionaria, tuttavia sembrerai insicuro se utilizzerai un volume troppo basso.

Anche in questo caso, ricerca la via di mezzo, per poi andare a modulare il volume seguendo le parole del discorso.

Questo ragionamento è però solo in parte applicabile alla **velocità**.

In questo caso bisogna sì saper modulare le pause, ma il discorso si fa leggermente diverso per quanto riguarda il numero di parole per minuto.

Devi sapere che in media il cervello umano riesce a pensare circa seicento parole da dire ogni sessanta secondi.

D'altra parte, però, non ne riesce a metabolizzarne altrettante.

Il numero giusto di parole da comunicare al minuto si aggira quindi tra le 125 e le 150, un numero adeguato per esprimere i giusti concetti, scandire bene ogni parola e non risultare confusionari.

Questi, in sostanza, sono i fattori che condizionano come viene percepita la tua voce.

Cerca di prestarci la dovuta attenzione.

Ovviamente non è necessario contare precisamente quante parole dici al minuto, oppure impostare un timer per cambiare ogni dieci secondi precisi tono e volume della tua voce.

Devi semplicemente ricercare una sorta di musicalità nel tuo modo di esprimerti, in modo da riuscire ad attirare e mantenere l'attenzione del tuo interlocutore e ad accompagnare il ritmo e la sostanza delle tue parole.

5.4 Il linguaggio del corpo

Veniamo ora al punto più importante della comunicazione ipnotica: il linguaggio del corpo.

Devi prestare molta attenzione a questo fattore: come abbiamo visto nella prima parte, la comunicazione non verbale è capace di influenzare per il 55% un dialogo.

È lecito quindi affermare che è proprio il linguaggio del corpo il campo su cui si gioca la partita più importante a livello comunicativo.

Un determinato gesto, una determinata espressione o postura, sono in grado di far cambiare completamente i binari della comunicazione, facilitando o mettendo in seria crisi il tuo obiettivo di influenzare le scelte dei tuoi interlocutori.

Le caratteristiche del linguaggio del corpo e i fattori che lo condizionano sono tanti.

Mani, piedi, volto, posizione delle braccia e delle spalle o inclinazione della testa: sono tutti interessantissimi punti da studiare e che possono fare la differenza.

Per renderti il discorso di più facile comprensione e per spostarlo immediatamente sul lato pratico, ti illustrerò alcuni comportamenti tipici delle persone, spiegandoti il modo giusto di porti per trasmettere una certa sensazione.

Ad esempio, se vuoi spiegare qualcosa al tuo interlocutore, conferendoti anche un certo grado di autorità, il giusto modo di porti con il corpo è con una postura simmetrica e ben eretta, gesticolando leggermente con i palmi delle mani rivolti verso il basso.

Così facendo, riuscirai a trasmettere fiducia al tuo interlocutore, convincendolo più facilmente di avere una certa sicurezza su ciò che dici.

Ti sconsiglio però ti posizionare le mani sotto il mento o di metterle come a formare una pistola: in questo caso comunicherai al tuo interlocutore che pensi di essergli superiore e, anche nel caso fosse vero, evita: sicuramente non fa piacere.

Se invece vuoi dimostrarti aperto nell'ascolto e cercare di instaurare un legame empatico con il tuo interlocutore, assumi una posizione eretta, ma più rilassata, gesticolando con i palmi delle mani verso l'alto.

Interessante è anche l'atteggiamento accusatorio, con il baricentro che si sposta in avanti, condito magari con il classico dito teso verso l'interlocutore.

Una cosa che rimane sempre molto importante da ricordare, è il fatto di prestare attenzione anche all'**ascolto attivo**.

Ciò vuol dire ascoltare sempre il proprio interlocutore, senza interromperlo, senza distrarsi e senza assumere atteggiamenti remissivi, simboleggiati, ad esempio, dalle braccia conserte.

Se non assumi posizioni che comunicano un ascolto attivo, il tuo interlocutore percepirà il tuo disinteresse, cosa che sicuramente vuoi evitare.

Ora, unendo insieme tutti i fattori che ti ho elencato, partendo dalle parole, passando per la voce e giungendo al linguaggio del corpo, hai tutte le nozioni che ti servono per iniziare a sviluppare la tua comunicazione ipnotica.

5.5 Riepilogo

In questo capitolo abbiamo visto come la comunicazione ipnotica sia un particolare modo di porsi al fine di influenzare le scelte del proprio interlocutore.

La comunicazione è divisa in tre fattori, in ordine di importanza:

1) Parole
2) Voce
3) Linguaggio del corpo

Per quanto riguarda le parole è necessario, in prima battuta, sceglierle e padroneggiarle sulla base di ciò che si vuole comunicare.

In secondo luogo, è bene evitare parole che vengono percepiti come troppo avversative (ad esempio "ma"), preferendo termini più facilmente metabolizzabili (come "oppure").

La voce è influenzata a sua volta da tre fattori:

1) Tono
2) Volume
3) Velocità

Per tutti questi tre fattori è necessario non esagerare nei due estremi (troppo o troppo poco) preferendo assumere valori intermedi.

Ad esempio, il tono di voce non dovrà essere né troppo acuto, né troppo grave.

Infine, il punto più importante: il linguaggio del corpo.

Il discorso qua è molto più complicato, coinvolgendo un numero maggiore di fattori.

Ai fini pratici, è sufficiente conoscere quali comportamenti e gestualità assumere per raggiungere i propri fini.

Ad esempio, assumere una posizione eretta e simmetrica, gesticolando con i palmi verso il basso, conferisce autorità alle parole.

Seguendo queste istruzioni, diventerà molto più semplice attirare l'attenzione dei propri interlocutori e mantenerla alta per tutta la durata della conversazione.

Esercizi Capitolo 5

Per ogni affermazione, scegli tra "Vero" e "Falso". Le soluzioni le trovi nella pagina successiva alla fine degli esercizi.

1. In un discorso, le parole sono il fattore più importante.

   ☐ Vero
   ☐ Falso

2. Nella comunicazione ipnotica, il fattore delle parole coincide con quello della voce.

   ☐ Vero
   ☐ Falso

3. In una trattativa, l'utilizzo della parola "ma" è sconsigliato.

   ☐ Vero
   ☐ Falso

4. "Oppure" è un termine ottimo da utilizzare in una trattativa, in quanto permette di mettere in luce due opzioni in modo molto morbido e senza escluderne una.

   ☐ Vero
   ☐ Falso

5. La voce è influenzata da tre fattori: tono, volume e velocità.

   ☐ Vero
   ☐ Falso

6. È bene avere un tono di voce molto grave: è rassicurante e conferisce autorevolezza.

☐ Vero

☐ Falso

7. In un discorso, è altamente consigliato modulare costantemente il tono di voce per mantenere alta l'attenzione di chi ascolta.

☐ Vero

☐ Falso

8. Tenere un volume di voce molto alto può comunicare all'interlocutore aggressività.

☐ Vero

☐ Falso

9. Per conferirsi autorevolezza è consigliato mantenere una posizione ben eretta e simmetrica.

☐ Vero

☐ Falso

10.Per avere un ascolto attivo devi interrompere il tuo interlocutore mentre parla.

☐ Vero

☐ Falso

1. Falso
2. Falso
3. Vero
4. Falso
5. Vero
6. Falso
7. Vero
8. Vero
9. Vero
10. Falso

COME ANALIZZARE LE PERSONE

Tecniche e segreti dell'FBI per decodificare le espressioni delle persone, disinnescare i bugiardi, e leggere la mente della gente come un'agente segreto

Di

Edoardo Beltrame

INDICE:

1. Introduzione
1.1 C'è sempre una comunicazione non verbale

Questo libro si basa su una convinzione molto semplice.

Una convinzione di certo non pensata da me per primo, ma ormai studiata da tantissimo tempo e dotata di solide basi scientifiche.

Dietro ad una comunicazione verbale, vi è sempre e in ogni caso anche una comunicazione non verbale.

Quando si ha a che fare con un'altra persona, discutendo di un argomento in amicizia oppure intavolando una trattativa di lavoro, è inevitabile che si emettano e si ricevano, più o meno consapevolmente, dei segnali tramite il corpo, tramite lo sguardo o tramite i gesti.

L'insieme di questi comportamenti viene definito comunicazione non verbale, ovvero, come intuibile dal nome e come ormai si sarà capito dopo questa breve introduzione, un tipo di comunicazione che va oltre le semplici parole che una persona può o non può pronunciare.

Possiamo addentrarci ancora di più in questo discorso avanzando una seconda ipotesi, anche questa ormai globalmente accettata dagli esperti.

Il linguaggio del corpo difficilmente mente.

Sono pochissime le persone in grado di controllare con costanza e lucidità i propri comportamenti e, anche nel caso in cui si abbia studiato attentamente e a lungo le tecniche di comunicazione non verbale, rimarrà comunque impossibile evitare di comunicare alcuni micro-segnali, i quali, tra l'altro, non possono evitare di non mentire.

Il problema risiede più che altro in chi ascolta.

Sono pochissime le persone che sanno realmente decifrare questi segnali, sono invece molte di più quelle che sostengono erroneamente di saperlo fare.

Saper leggere i segnali che un individuo, più o meno consciamente, emette a livello non verbale costituisce quindi il miglior modo, se non l'unico efficace, per capire e analizzare le persone.

Ecco che allora la comunicazione non verbale si rivela un fattore importantissimo nelle relazioni sociali e lavorative, che, se padroneggiato alla perfezione, sarà in grado di darti incredibili vantaggi comunicativi sui tuoi interlocutori.

1.2 Perché studiare la comunicazione non verbale

A questo punto non bisogna però illudersi che tramite la comunicazione non verbale sia possibile leggere nella mente dei propri interlocutori come se fosse un libro aperto, o in alternativa manipolarli come fossero delle semplici marionette di legno.

Tuttavia, è indubbio che padroneggiare queste tecniche possa aiutare in molti contesti.

Ho selezionato due motivi, i più importanti secondo la mia opinione, per cui vale la pena informarsi e studiare le tecniche di comunicazione non verbale.

Al primo posto troviamo ovviamente l'analizzare i propri interlocutori, il che non è altro che il vero fine ultimo di questo libro.

Imparando ad interpretare un certo tipo di segnali, riuscirai a comprendere con maggiore facilità i pensieri di chi ti sta di fronte.

In questo modo otterrai un vantaggio a livello comunicativo, avendo l'opportunità, ad esempio, di cambiare i binari della discussione nel caso comprendessi che un argomento sia causa di astio o di disinteresse, oppure continuando su una determinata strada nel caso rilevassi segnali di interesse nel tuo interlocutore.

Ma non è questo l'unico motivo per cui è importante studiare la comunicazione non verbale.

Conoscere le tecniche di comunicazione non verbale è essenziale anche per migliorare la propria comunicazione.

Ovviamente, come detto poco sopra, non sarà mai possibile controllare con estrema precisione tutte le sfumature della tua espressione facciale o i gesti più involontari, ma conoscendo tutte le tecniche più comuni e diffuse per leggere il linguaggio del corpo, ti sarà possibile utilizzarle a tuo favore nel momento in cui vorrai far capire un qualcosa o innestare un'idea nella mente dei tuoi interlocutori senza utilizzare le parole.

Studiare le tecniche della comunicazione non verbale e la loro analisi, ti renderà semplicemente un comunicatore migliore.

1.3 Le tre funzioni della comunicazione non verbale

Prima di proseguire, è necessario capire il perché dell'esistenza della comunicazione non verbale.

Senza saper il fine dei comportamenti che caratterizzano questo tipo di comunicazione sarà di fatto impossibile avere successo in una loro interpretazione.

La maggior parte degli esperti di comunicazione non verbale è d'accordo nel raggruppare tutti i segnali in tre funzioni più generiche.

La prima funzione corrisponde al **rinforzare il messaggio**.

Questo caso si presenta quando la comunicazione verbale e non sono, come si dice in gergo, congruenti, ovvero che cercano di far passare uno stesso messaggio.

Ad esempio, quando una mamma si arrabbia e sgrida il figlio, assume solitamente anche un'espressione facciale per sottolineare le sue parole.

Questo è un tipico caso di congruenza del messaggio.

Proseguendo, troviamo il caso in cui la comunicazione non verbale viene usata per **contraddire il messaggio**.

Questa volta troviamo un'incongruenza tra il linguaggio del corpo e quello verbale.

Torniamo all'esempio della mamma.

Se, sgridando il figlio, la mamma assumesse un'espressione di gioia, il messaggio comunicato attraverso le parole sarebbe percepito incongruente se relazionato con quello che passa attraverso la comunicazione non verbale.

Tuttavia, l'incongruenza non è sempre un male: a volte può addirittura essere usata come un'arma a proprio favore, nel caso si volessero comunicare certi messaggi particolari.

Infine, troviamo la terza funzione, la quale corrisponde al **sostituire il messaggio**.

In questo caso il linguaggio verbale potrebbe essere addirittura totalmente assente.

Il viso arrabbiato della madre, ad esempio, già di per sé riesce a comunicare con efficacia il messaggio che la donna vuole recapitare al figlio.

Attenzione: l'assenza di linguaggio verbale non corrisponde ad una minor potenza del messaggio, ma anzi, al contrario, spesso questo viene comunicato in modo molto più efficace e diretto se viene affidato solo alla comunicazione non verbale.

Siamo dunque arrivati al termine di questa breve panoramica introduttiva ed è quindi giunto il momento di addentrarci nell'analisi.

Prima di spiegare nella pratica i metodi utilizzati per analizzare le persone attraverso la comunicazione verbale, sarà necessario padroneggiare alcuni concetti di base, al fine di non commettere errori nell'analisi tecnica dei comportamenti del corpo.

Per questo motivo ho scelto di avere un doppio approccio al libro, dividendolo di fatto in due parti.

Nei prossimi capitoli troverai dei concetti più teorici, essenziali per arrivare preparati alla parte pratica.

In questa sezione, si parlerà anche di alcune tecniche utilizzate dall'agenzia governativa che più di ogni altra organizzazione è riuscita a portare l'analisi della comunicazione non verbale ad un livello superiore: sto ovviamente parlando dell'**FBI**.

Successivamente, si andranno ad analizzare nel dettaglio tutte quelle tecniche e quegli stratagemmi utilizzati anche dagli stessi agenti dell'FBI per analizzare le persone.

Se ti senti pronto per imbarcarti in questo viaggio, non aspettare altro e gira la pagina.

Buona lettura.

2. L'FBI: ovvero portare l'analisi delle persone su un altro livello

2.1 Cenni storici

FBI, come è ormai risaputo dalla maggior parte delle persone, è l'acronimo per **Federal Bureau of Investigation**.

L'FBI è una delle agenzie governative più importanti degli Stati Uniti d'America, vantando un'area di competenza che copre tutto il Paese.

Quest'agenzia venne ufficialmente istituita il 26 luglio del 1908, al fine di rappresentare il braccio operativo del più ampio **Department of Justice**, spesso abbreviato con l'acronimo DOJ, ovvero il dipartimento di giustizia del governo degli Stati Uniti d'America.

Creare un'agenzia governativa del genere non è stato di certo un compito facile e veloce: la sua ideazione risale almeno ad un decennio prima rispetto alla data in cui è stata annunciata al pubblico.

Secondo le ricostruzioni storiche più attendibili, i ranghi maggiori degli Stati Uniti rilevarono l'esigenza di un'agenzia specializzata nella preservazione della sicurezza del Paese sul finire dell'Ottocento.

In questo periodo, infatti, il governo degli Stati Uniti si sentiva minacciato da forze anarchiche interne e, al fine di scovare i sovversivi e coloro che potenzialmente potevano costituire una minaccia per il Paese, si avanzò l'idea di creare un'agenzia altamente qualificata per svolgere compiti investigativi.

Sotto il governo Roosevelt, quindi, vennero poste le base per un'organizzazione in grado proteggere il Paese da attacchi terroristici, basi che si tramutarono poi nel 1908 ufficialmente nella neonata FBI.

Nel corso di oltre un decennio di storia moderna e contemporanea l'FBI ha lavorato ad un'innumerevole quantità di casi celebri, occupandosi principalmente di contrastare il terrorismo e lo spionaggio.

Tra i primi casi di grandissima importanza storica affrontati dall'FBI possiamo sicuramente ricordare le azioni volte a contrastare l'influenza del Ku Klux Klan in tutto il Paese.

I successi conquistati sul campo nei primi decenni del Novecento, anche e soprattutto grazie all'utilizzo di tecniche di investigazione all'avanguardia, convinsero il governo statunitense a dare maggiori responsabilità a questa organizzazione.

Nel 1935 l'FBI viene quindi dichiarata un'agenzia indipendente, rimanendo comunque all'interno del Dipartimento di Giustizia.

Dalla Seconda Guerra Mondiale alla fine della Guerra Fredda, passando per alcune celebri indagini di importanza storica, quali ad esempio l'assassinio del presidente John Fitzgerald Kennedy, l'FBI ha visto la propria autorità crescere, fino ad arrivare a diventare l'agenzia governativa più famosa al mondo.

La fama di cui gode oggi questa agenzia non è però di certo casuale.

Se ai giorni nostri l'FBI è ormai entrata nella cultura popolare, anche grazie a innumerevoli opere cinematografiche che rappresentano le coraggiose gesta dei suoi agenti, il motivo principale è da ricercare nell'accurato lavoro volto all'attento studio dei criminali.

Una cospicua parte del sopracitato studio riguarda proprio l'analisi delle persone e in particolare la comunicazione non verbale.

Le tecniche studiate dagli esperti nel corso degli anni si sono infatti rivelate fondamentali nella lotta contro lo spionaggio e il terrorismo, andando a smascherare insospettabili sospetti e salvando così centinaia e centinaia di vite.

Ovviamente, non tutti noi siamo destinati a diventare agenti dell'FBI, ma, come abbiamo visto nel paragrafo di apertura, chiunque può trarre benefici nell'imparare queste tecniche, sia nella vita personale, sia in quella lavorativa.

2.2 La funzione dell'FBI oggi

Oggi gli agenti dell'FBI continuano nel loro compito di proteggere gli Stati Uniti d'America da minacce interne ed esterne.

Ad esempio, negli ultimi decenni è stata provata l'esistenza di cellule terroristiche dormienti anche su suolo americano.

Uno dei principali compiti degli agenti dell'FBI è scovare questi terroristi prima che possano diventare pericolosi.

Oltre al terrorismo, l'FBI continua ad occuparsi anche di azioni volte al combattere lo spionaggio straniero, alla difesa dei diritti civili, a contrastare le organizzazioni criminali e alla lotta contro la corruzione politica.

Ovviamente le indagini in questi campi sono molto delicate, rimanendo anche nella maggior parte dei casi riservate e protette per molti anni dal segreto di Stato.

Tuttavia, ciò che è certo è che i criminali di vario genere che l'FBI si ritrova a combattere non sono famosi per la facilità con cui esprimono la verità usando le parole.

Proprio per questo motivo, al fianco di capacità fisiche e intellettuali notevoli, gli agenti dell'FBI devono imparare lungo un duro percorso di addestramento anche le tecniche per l'analisi della comunicazione non verbale.

Sono gli stessi agenti dell'FBI che confermano l'importanza dello studio della comunicazione non verbale nel loro lavoro, come avrai anche modo di leggere in un capitolo dedicato esclusivamente ad un'importantissima e significativa testimonianza di un agente.

In questo contesto, saper cogliere al volo le sfumature nei comportamenti dei propri interlocutori può fare sicuramente la differenza tra vita e morte, tra sicurezza e pericolo.

Proprio per questo motivo, il reclutamento di nuovi agenti è così selettivo e l'addestramento che devono affrontare in accademia è così duro.

Questo è un argomento molto interessante, nonché estremamente utile per capire gli standard che vengono richiesti agli agenti dell'FBI.

Se analizzare le persone non è cosa semplice, come in molti sono portati a pensare, vediamo allora quali caratteristiche devono avere i migliori conoscitori di queste tecniche.

Probabilmente resterai stupido dall'eccellenza richiesta.

Probabilmente resterai stupido dall'eccellenza richiesta.

2.3 Reclutamento e addestramento

Entriamo quindi nel dettaglio e cerchiamo di capire come può fare una persona comune ad entrare nell'organizzazione che più di ogni altra riesce ad analizzare le persone.

Si potrebbe dire che l'addestramento inizi ancora prima delle prime lezioni.

La scelta delle nuove reclute, infatti, è parecchio selettiva e già solo per superare queste è necessario dimostrare di essere estremamente dotati sia dal punto di vista fisico che intellettivo.

Oltre naturalmente ad essere cittadini statunitensi, è necessario avere un'età compresa tra i ventitré e i trentasette anni, e avere la fedina penale pulita.

E fin qua tutto semplice.

Bisogna poi possedere una laurea (in America questo percorso di studi ha la durata di quattro anni) oltre ad un'esperienza lavorativa di almeno tre anni.

E anche qua, niente di particolare.

Arriviamo poi ai test.

Un primo test viene chiamato con il nome di *Single Scope Background Investigation*, il quale corrisponde essenzialmente ad un'investigazione da parte di specialisti del governo statunitense sul passato della potenziale nuova recluta.

Si passa poi ai test sul campo.

I futuri agenti dovranno infatti superare un durissimo test fisico, chiamato con il nome di *Physical Fitness Test*, il quale prevede di verificare certi standard in varie discipline aerobiche e anaerobiche.

Come si può ben notare, passare questa selezione non può prevedere un impegno di soli pochi mesi, ma, di fatto, l'impegno deve esserci stato in praticamente tutta la vita dell'aspirante agente dell'FBI.

Oltre al più banale mantenere un'eccellente forma fisica, per superare le indagini sul proprio passato, l'interessato deve dimostrare di aver seguito una certa condotta nel corso degli anni e di essersi distinto nel proprio percorso di studi e professionale.

Superata questa fase di selezione, si arriva al momento dell'addestramento.

La celeberrima accademia dell'FBI è situata all'interno del famoso complesso adibito alle attività riguardanti la sicurezza degli Stati Uniti di Quantico, in Virginia, ed è qua che inizia il bello.

I futuri Agenti Speciali dovranno infatti superare ventuno durissime settimane di corsi intensivi, comprendenti più di 500 ore di lezione teorica e oltre 1000 ore di addestramento sul campo, durante le quali si simuleranno varie situazioni, talvolta anche estreme, in cui un agente dell'FBI potrebbe trovarsi una volta operativo.

In moltissimi, pur avendo superato la già durissima selezione, abbandonano l'addestramento senza terminarlo, stremati dalle fatiche fisiche e mentali richieste.

Per coloro che riescono a portare a termine i mesi d'addestramento, arriva il momento di passare all'azione sul campo.

Tutte le nuove reclute vengono a questo punto assegnate ad una delle circa 400 sedi sparse sul territorio statunitense e anche oltre i confini del Paese.

Qua le reclute inizieranno a lavorare su casi reali, affinando le proprie conoscenze e competenze, oltre che a specializzarsi in vari compiti.

Anche dopo l'assegnazione, la legge degli Stati Uniti d'America obbliga ogni Agente Speciale o membro del personale dell'FBI al trasferimento in un'altra sede al momento della necessità e se ordinato da un superiore di grado maggiore e quindi con maggiore autorità all'interno dell'organizzazione.

Ma torniamo brevemente all'addestramento.

Tra le sopracitate 500 ore di lezione teorica, un numero piuttosto consistente viene destinato alle tecniche riguardanti la comunicazione non verbale.

Come anche già spiegato in precedenza, ma è giusto ribadirlo anche in questa sede, per un agente dell'FBI le tecniche per analizzare le persone sono fondamentali.

Aver la capacità di capire in pochissimo tempo se il proprio interlocutore stia mentendo, dicendo la verità o nascondendo qualcosa di importante, può fare la differenza tra la vita e la morte, può essere essenziale per sventare attacchi terroristici o per fermare importanti azioni di spionaggio.

Anche se non tutti siamo destinati a diventare vertici dell'FBI, possiamo imparare qualcosa dall'importanza che questa organizzazione riserva alla comunicazione non verbale nel periodo di addestramento dei suoi cadetti.

Saper analizzare le persone è fondamentale per chiunque ed è essenziale per riuscire ad avere successo in molti contesti in tutto l'arco della propria vita.

Cercando di seguire l'esempio dei corsi che si tengono nel quartier generale di Quantico, nei prossimi capitoli troverai prima dei cenni teorici e, solo successivamente, ti verranno spiegate tutte le tecniche per mettere in pratica ciò che hai imparato al fine di analizzare perfettamente le persone.

3. Gli errori più comuni
3.1 Il contesto è importante!

Come spesso accade, anche in questo caso, prima di addentrarci nell'analisi sul cosa fare, cerchiamo di capire cosa non si deve fare quando si cerca di analizzare le persone.

Gli errori che le persone commettono nel tentativo di leggere il linguaggio non verbale dei propri interlocutori sono parecchi.

Secondo la mia esperienza, ve ne sono alcuni davvero molto comuni e che si ripetono anche con una certa frequenza fra coloro che millantano grandi abilità di analisi delle persone.

Senza ulteriori indugi, vediamo quindi i tre errori più commessi durante la lettura del linguaggio del corpo.

Il primo errore che voglio farti notare è la **mancata contestualizzazione dei gesti**.

Se ce ne fosse davvero solo uno da scegliere, sarebbe questo l'errore più comune e forse anche più grave.

Non valutare coerentemente il contesto, ovvero tutto ciò che sta attorno ad un determinato atteggiamento, rischia seriamente di spingerti verso un'interpretazione dei segnali completamente sbagliata e molte volte addirittura opposta rispetto alla realtà dei fatti.

Provo a farti un esempio molto semplice nel tentativo di spiegare meglio questo punto così tanto delicato.

Avrai sicuramente sentito un numero spropositato di volte la teoria secondo la quale se il tuo interlocutore si mette a braccia conserte significa che è disinteressato o chiuso rispetto ad un certo argomento.

Questa è una delle teorie più famose riguardanti la comunicazione non verbale e ti sarà quindi sicuramente capitato di sentirla più e più volte.

Bene, recenti studi sembrano confermare che questa teoria così tanto famosa si riveli nella pratica sbagliata in un grandissimo numero di casi.

Per come sono fatto, essendo sempre portato a ricercare il perché delle cose nel tentativo di comprendere meglio i fenomeni che mi si presentano davanti, una domanda mi sorge spontanea in automatico.

A cosa si deve questo errore interpretativo così grossolano e ricorrente?

Sostengo che questo errore sia dovuto proprio alla mancata contestualizzazione del gesto.

Non voglio di certo negare che mettere le braccia conserte possa talvolta indicare una chiusura rispetto ad un certo discorso, ma questo gesto può significare moltissime altre cose se contestualizzato in un quadro più ampio.

Prova ad immaginare un relatore ad un congresso. Mentre parla vede molte persone in platea che, pur seguendolo attentamente all'apparenza, hanno le braccia conserte.

Il nostro relatore penserà di star facendo un lavoro fallimentare, penserà che le persone sono disinteressate a ciò che ha da dire, diminuirà quindi il ritmo dell'esposizione e renderà il discorso meno appetibile.

Sarà solo a quel punto che rischierà davvero di perdere l'attenzione dei suoi interlocutori.

E se avesse valutato il contesto?

Beh, se avesse valutato il contesto tutto sarebbe andato diversamente.

Si sarebbe accorto che la temperatura della sala era troppo bassa e che i suoi interlocutori avevano assunto quella posizione solamente nel tentativo più o meno inconscio di aumentare la propria temperatura corporea e soffrire meno il freddo.

La conferenza sarebbe quindi stata un grande successo.

Questo, tra l'altro, è solamente un esempio.

Sono diversi i motivi per cui una persona potrebbe mettere le braccia conserte: questa è, ad esempio, la posizione che ci viene naturalmente da assumere se si hanno problemi di stomaco, oppure alcune persone la trovano, anche inconsciamente, comoda per aumentare e mantenere alta l'attenzione, come se volessero risolvere il problema dato dalle braccia "a penzoloni".

Non dare quindi il contesto per scontato e cerca sempre di capire il perché una persona ha assunto una determinata posizione o ha fatto un certo gesto, e solo successivamente cerca di interpretarlo.

3.2 Dare troppa importanza al gesto

So che probabilmente sarai confuso dopo aver letto il titolo di questo paragrafo, ma dammi la possibilità di spiegare un po' meglio e sono sicuro che anche tu concorderai con me.

Il secondo errore che voglio portare alla tua attenzione consiste nel dare troppa importanza al singolo gesto.

Certo, si sta parlando di comunicazione non verbale e di linguaggio del corpo: l'analisi dei gesti è la cosa più importante.

Ma è qui che vi sta l'errore.

Sono i gesti la cosa più importante, non il "gesto" al singolare.

Analogamente con il discorso fatto nel paragrafo precedente riguardante il contesto, anche in questo caso è necessario valutare il quadro generale, senza soffermarsi troppo su una singola variazione.

So di aver detto che questa parte sarebbe stata solo teorica, ma per aiutarti a mettere in pratica ciò che leggi fin da subito e per darti un'idea più chiara di quanto spiegato, voglio illustrarti due metodi per non incorrere più in questo errore capitale e così comune.

Quando noti un determinato gesto, una particolare posizione della postura o altro nel tuo interlocutore, prima di associare questo comportamento ad un significato ben preciso, prova a valutarne la ricorrenza.

Un gesto singolo è molto più probabile che sia condizionato da un contesto più generale, ma se questo si ripete più e più volte nell'arco della discussione quasi sicuramente ha un significato che può essere letto.

Il secondo trucco che voglio confidarti riguarda la congruenza.

Ho già accennato nel primo capitolo al concetto di congruenza tra comunicazione verbale e non verbale, ma in questo caso la congruenza da valutare è interna al linguaggio del corpo.

Se ad esempio tu notassi nel tuo interlocutore due particolari gesti, ma l'analisi dell'uno escluderebbe il significato dell'altro, e quindi non vi è congruenza tra i due, vuol dire che uno dei due messaggi che hai recepito è sbagliato e che probabilmente uno dei gesti analizzati è superfluo e totalmente casuale.

Ma come fare a capire quale gesto elidere?

Semplice, tenendo in considerazione quanto detto finora!

Abbiamo detto che un comportamento deve essere ricorrente e bisogna analizzarlo valutandone il contesto.

Questo è quindi esattamente ciò che devi fare per evitare di focalizzarti su gesti superflui e senza significato.

Se quindi due comportamenti non hanno congruenza e uno di questi viene ripetuto molte volte a differenza dell'altro, ovviamente sarà il primo comportamento quello da tenere in considerazione nell'analisi della persona.

3.3 Sopravvalutare le proprie capacità di analisi

Arriviamo quindi al terzo e ultimo errore di questa lista.

Si potrebbe dire che questo non sia un errore pratico, ovvero riguardante una sbagliata applicazione delle tecniche per analizzare le persone, ma che sia bensì un errore di atteggiamento e quindi anche potenzialmente più grave.

Soprattutto se ti stai approcciando solo ora alla lettura della comunicazione non verbale, ma in ugual misura anche se la pratichi già da anni, sopravvalutare le proprie capacità è un errore gravissimo, capace solo di provocare dispiacere e illusioni.

Non te lo dico per scoraggiarti, ma perché voglio che questo libro sia una guida sincera al cento percento.

Una persona, pur avendo studiato per anni e anni le tecniche per analizzare i propri interlocutori, non può essere mai sicura di riuscire a capire chi le sta di fronte in ogni minimo dettaglio.

Le analisi fatte saranno solamente delle supposizioni, le quali, se precedute da un periodo di studio, si riveleranno nella maggior parte dei casi corrette.

Tuttavia, bisogna tenere sempre in considerazione che la possibilità di sbagliarsi, seppur bassa, c'è.

Dimenticarsene sarebbe quindi un errore supponente e molto grave.

Per evitare di acquisire certezze che in realtà non puoi avere, avanzando interpretazioni troppo azzardate, ti consiglio di cercare sempre ulteriori prove non tanto che confermino le tue tesi, quanto in grado di smentirle.

Cerca quindi di essere umile e di continuare a cercare un qualcosa che ti dia segnali contrastanti rispetto alle tue convinzioni.

Ovviamente, tutto nel limite del buon senso. Non devi sacrificare la tua sicurezza e autostima nel tentativo di confutare le tue tesi: sei alla ricerca di certezze, non dell'auto-sabotaggio.

Ma vi è anche un'altra tipologia di supponenza in questo campo, ancora più grave di quella appena esposta.

Questa tipologia corrisponde a tutti quei casi in cui le persone sostengono di saper analizzare le persone, leggendo le più piccole micro-variazioni nelle espressioni facciali, quando in realtà sanno interpretare a malapena il più semplice dei segnali.

Ahimè, questo genere di persone esiste e non è nemmeno così raro come si potrebbe immaginare, ma anzi costituisce la maggior parte dei casi di persone che millantano abilità che in realtà non padroneggiano.

Prova a riflettere sul seguente ragionamento.

Gli Agenti Speciali dell'FBI sono i migliori in questa disciplina, ma la selezione è estremamente dura, l'addestramento è incredibilmente impegnativo e, anche una volta superato il periodo di studio, le insidie nel loro lavoro sono pericolose e sempre sfidanti.

Il loro percorso di formazione dura anni e anni, in che modo allora una persona con poca esperienza in questo campo (ovvero la maggior parte della popolazione) potrebbe reputarsi esperta?

Prima di dichiararti un esperto, assicurati quindi di avere alle spalle l'adeguata esperienza e sufficienti conoscenze.

In conclusione, possiamo affermare che analizzare le persone attraverso la comunicazione non verbale è possibile, efficace e permette di acquisire dei vantaggi strategici nei confronti dei propri interlocutori.

Tuttavia, bisogna stare molto attenti quando si cercano di mettere in gioco certe strategie, in quanto le insidie in questo campo sono molte e molto pericolose.

Nessuno sta cercando di nascondersi: la possibilità di sbagliare c'è sempre ed è proprio per questo che studiare attentamente le tecniche di lettura della comunicazione non verbale è essenziale per ridurre il rischio di incorrere in errori al minimo.

4. Le tipologie di segnale nella comunicazione non verbale

4. Cosa comunichiamo con il linguaggio del corpo?

Arriviamo ora ad un punto centrale del discorso.

Una domanda infatti dovrebbe sorgere spontanea.

A cosa serve la comunicazione non verbale?

In parte abbiamo già risposto a questa domanda nel primo capitolo, attraverso la spiegazione delle tre funzioni della comunicazione non verbale.

Nei prossimi paragrafi ci spingeremo più a fondo in questa analisi, cercando di analizzare con maggiore precisione le tipologie di segnali che il nostro corpo emette.

Da questa analisi saranno esclusi i casi in cui il messaggio espresso dal linguaggio del corpo sia congruente con quello verbale.

C'è poco da dire in questo caso: il linguaggio del corpo è quasi ripetitivo, sottolineando solamente quanto già le parole ci stiano dicendo.

Molto più interessanti sono i casi in cui i segnali emessi dal corpo sono incongruenti con il messaggio comunicato dalle parole o quando i messaggi della comunicazione non verbale aggiungono informazioni che le parole scelgono, più o meno consciamente, di nascondere.

Le sfumature qui si fanno ben più sottili, stuzzicando l'intelletto e l'intuito di tutti gli appassionati di analisi della comunicazione non verbale.

Gli esperti sono quasi completamente concordi a dividere i segnali non congruenti in due tipologie ben distinte: ci sono i **segnali rivelatori** e i **segnali di falso**.

Come è facilmente possibile intuire dal nome, i segnali rivelatori rivelano un qualcosa che il proprio interlocutore sta più o meno coscientemente cercando di tenere nascosto, mentre i segnali di falso mostrano come la persona che ci sta di fronte stia mentendo nella discussione.

Da una parte abbiamo quindi una tipologia di segnali che aggiunge qualcosa in più alla comunicazione verbale, senza tuttavia negare quest'ultima, dall'altra abbiamo dei segnali in netta contrapposizione dialettica con il messaggio proveniente dalle parole.

Se quindi i segnali di falso creano una vera e propria incongruenza tra parole e corpo, con i segnali rivelatori l'incongruenza è minima, anzi quanto il corpo fa capire non per forza di cose esclude il significato delle parole.

Chi mette in pratica le tecniche di analisi della comunicazione non verbale, lo fa generalmente soprattutto per ricercare in chi gli sta di fronte una piccola sfumatura che possa essere riconducibile ad uno di questi due segnali.

Visto che questo è il focus di molti studi sulla comunicazione non verbale, cerchiamo di analizzare questi concetti più nel dettaglio nei prossimi paragrafi.

4.2 I segnali rivelatori

I segnali rivelatori agli occhi di chi sa leggerli, come abbiamo già detto in precedenza, riescono a comunicare un qualcosa che va oltre alle parole, ma che non per questo ne è per forza in contraddizione.

Sicuramente nella vita di tutti i giorni ti sarà già capitato di sperimentare nella pratica la presenza di questa tipologia di segnali.

Prova a pensare ad un dialogo con un tuo collega o con un tuo amico.

Magari gli stavi raccontando qualcosa che per te era molto interessante, ma intravedevi nella sua espressione il completo disinteresse o, al contrario, grande partecipazione con la tua storia.

Bene, questi sono dei classici esempi di segnali rivelatori.

I segnali rivelatori, infatti, generalmente si concentrano sulla comunicazione di tue tipologie di messaggi.

La prima tipologia riguarda la comunicazione di **sensazioni**, la seconda, invece, riguarda le **emozioni**.

I segnali rivelatori delle emozioni sono abbastanza importanti, dato che sono in grado di fornire precise indicazioni, se letti a dovere, su cosa prova il proprio interlocutore per davvero durante un dialogo.

Tuttavia, sono i segnali rivelatori delle sensazioni quelli che tornano maggiormente utili quando si tratta di analizzare le persone.

Questa tipologia di segnali, infatti, può tranquillamente essere usata per capire il grado di gradimento o di avversità del nostro interlocutore verso un certo argomento.

Potremmo infatti considerare i segnali rivelatori delle sensazioni come una sorta di semaforo e dividerli nuovamente in tre sottogruppi: i segnali di rifiuto, di tensione e di gradimento.

I **segnali di rifiuto** sono la luce rossa del nostro semaforo.

Se rilevi uno di questi segnali, potrebbe essere una buona idea cambiare argomento o per lo meno rimodulare il discorso in modo da creare meno astio nel tuo interlocutore.

I motivi per cui una persona emette segnali di rifiuto possono essere molti, dal fastidio nel parlare di un argomento, ai dubbi riguardanti un ragionamento, fino ad arrivare al dissenso vero e proprio verso certe convinzioni.

Arriviamo poi ai **segnali di tensione**, ovvero il semaforo giallo.

Come nel codice stradale, il semaforo giallo non vuole essere un segnale di stop obbligatorio, ma non è nemmeno un segnale che ti deve spronare a continuare.

Al contrario, un segnale di tensione deve invitarti a valutare un contesto più ampio, in modo da capire se la tensione provata dal tuo interlocutore possa trasformarsi in una sensazione positiva o negativa (nota ancora una volta l'importanza dell'analisi del contesto).

I segnali di tensioni sono comunque utili a capire che il proprio interlocutore non è indifferente rispetto al discorso che stai portando avanti, tuttavia non è comunque ancora convinto al cento percento delle tue parole.

Il fatto che l'attenzione del tuo interlocutore salga potrebbe essere un ottimo segnale per i tuoi scopi. Cerca quindi anche tu di prestare ancora maggior attenzione alle tue parole e al tuo linguaggio del corpo, in modo da indirizzare la discussione e la ricezione dei tuoi messaggi sui binari che più preferisci.

Infine, abbiamo i **segnali di gradimento**, ovvero la luce verde del nostro semaforo metaforico.

In questo caso c'è poco da dire.

Se rilevi un atteggiamento riconducibile ad un segnale di gradimento, vuol dire che il tuo interlocutore sta apprezzando ciò che stai dicendo e concorda con le tue parole.

In questi casi hai in pugno la situazione: le persone stanno pendendo dalle tue labbra e puoi portarle dove più preferisci.

Un piccolo appunto prima di proseguire.

Tutti questi segnali, compresi anche i segnali di falso che vedremo nel dettaglio tra poco, sono tanto validi quando chi li emette sta ascoltando, quanto durante la parlata.

Anzi, in alcuni casi potrebbe essere ancora più interessante rilevare questi segnali mentre chi li emette sta parlando, in modo da capire la verità e le sensazioni che si nascondono dietro a determinate parole.

4.3 I segnali di falso

Voglio iniziare questo paragrafo mettendoti al corrente di due concetti che la maggior parte della gente totalmente ignora, ma fondamentali per una corretta analisi delle persone.

Uno: non esistono segnali di falso assoluti.

Due: un segnale di falso non implica per forza di cose che il proprio interlocutore stia mentendo.

Per quanto riguarda il primo punto, la spiegazione che posso darti è alquanto semplice e non mi stuferò mai di ripeterla.

Il contesto è sempre la cosa più importante e per questo motivo ogni segnale deve essere valutato in un quadro più ampio.

Il punto numero due, invece, è un po' più sottile da spiegare.

Fino ad adesso abbiamo capito che i segnali di falso sono quelli che più di tutti sottolineano la presenza di un'incongruenza tra il linguaggio verbale e non verbale.

Ma queste incongruenze sono presenti solo quando si mente spudoratamente?

La risposta è no!

O per lo meno, non tutte le menzogne sono vere bugie.

I segnali di falso possono infatti dividersi in ulteriori quattro sottocategorie: mancanza di convinzione, conflitto interiore, menzogna e integrazione emotiva.

Analizziamo ognuno di questi casi più nel dettaglio.

I segnali di falso riguardanti la **poca convinzione** sono più comuni di quanto si possa pensare e di sicuro ti sarà capitato di vederli nella vita di tutti i giorni.

Immagina una situazione in cui un venditore stia cercando di convincerti a comprare il suo prodotto.

Tuttavia, dal suo atteggiamento, tu riesci a capire immediatamente che è molto insicuro, per poi scoprire che è al suo primo giorno di lavoro!

Ecco, in questo caso saresti di fronte ad un classico esempio di segnale di falso dettato dalla poca convinzione e, come puoi ben capire, alla base non vi è una menzogna, ma solo tanta insicurezza.

Passiamo ora al **conflitto interiore**.

Personalmente, adoro la pizza e solitamente la mangio tutti i sabati sera.

Quando sono a dieta, magari in vista dell'estate, cerco di limitare questa mia abitudine ad una sola volta al mese.

Tuttavia, mia figlia, anche se sa che ho mangiato il mio piatto preferito nel weekend precedente, ogni sabato mi chiede se voglio una fetta della sua pizza.

Le mie parole dicono di "no", ma i segnali che emette il mio corpo fanno chiaramente intendere di "sì".

Sto mentendo?

Forse, ma più che a mia figlia, sto mentendo a me stesso.

Questo appena esposto è un tipico caso di segnale da conflitto interiore.

Arriviamo quindi alla **menzogna** vera e propria.

Paradossalmente, qui il discorso è molto meno interessante.

In questo caso siamo davanti ad una persona che mente e cerca di distorcere la realtà.

Più che in ogni altro scenario è quindi in questo caso importante captare con destrezza e velocità i segnali di falso, al fine da smaschera la persona di fronte a noi.

Inutile sottolinearlo, le tecniche per rilevare questo genere di segnali sono molto studiate dai cadetti dell'FBI durante il loro periodo di formazione e sono tra le più importanti tra quelle che useranno nell'arco della loro carriera.

Infine, vi è l'**integrazione emotiva**.

In questo caso siamo di fronte ad una persona che, prima che a chiunque altro, sta cercando di autoconvincersi di un qualcosa.

Prova ad immaginare di aver a che fare con un qualcuno che ha appena perso un genitore.

La domanda naturale da porre in queste situazione è il classico "come stai?", che riceverà naturalmente una risposta positiva.

Risposta positiva tuttavia esclusiva delle parole.

Il corpo, i gesti e l'espressione del viso molto probabilmente diranno infatti tutt'altro.

Il tuo interlocutore, in questo caso, non sta cercando di trarti in inganno, ma sta invece provando a convincersi di stare bene, metabolizzando la morte del genitore.

Riuscire a ricondurre un comportamento preciso ad una famiglia di segnali è anche più importante del conoscere le classiche corrispondenze gesto-significato che ignorano completamente il contesto.

Il metodo usato dall'FBI, come vedremo nel prossimo capitolo, dà infatti molta più importanza a ciò che hai letto fino ad ora rispetto che al collegare un comportamento al suo significato in automatico.

Tra poco cercheremo anche di analizzare nella pratica alcuni atteggiamenti che le persone assumono, ma prima di continuare ti consiglio caldamente di memorizzare quanto letto finora.

5. Come l'esperienza dell'FBI può aiutarci nella vita di tutti i giorni

5.1 Joe Navarro, linguaggio del corpo e gangster

Entriamo ora nel vivo dell'azione.

Abbiamo più volte citato l'FBI nel corso di questa prima parte, dedicando a questa organizzazione anche un intero capitolo.

Tuttavia, non abbiamo mai visto nel dettaglio come operano gli Agenti Speciali e come la loro esperienza possa tornare nella pratica alla gente comune.

Bene, è ora arrivato il momento di approfondire questo discorso.

Devi sapere che c'è un ex agente dell'FBI che, come molti altri suoi colleghi, nel corso degli anni si è specializzato proprio nell'analisi della comunicazione non verbale.

Questo agente, dopo anni e anni di onorato servizio, ha deciso di lasciare l'FBI e ora ha fatto della divulgazione nel settore della comunicazione non verbale la missione della sua vita.

Il suo nome è **Joe Navarro**.

Se in passato ti sei già interessato all'analisi delle persone e alle teorie sul linguaggio del corpo, molto probabilmente questo nome ti suonerà tutto tranne che nuovo.

Joe Navarro infatti è una sorta di istituzione in questo mondo, venendo riconosciuto praticamente da chiunque come uno dei massimi esperti di comunicazione non verbale.

Nel corso della sua carriera di agente dell'FBI ha lavorato su un grandissimo numero di casi, prestando sempre particolare attenzione ai gesti, agli sguardi e agli atteggiamenti dei sospettati più che alle loro parole.

Ascoltando le interviste che ha rilasciato nel corso degli anni da quando non è più un Agente Speciale, si può notare come molto probabilmente tra i suoi soggetti preferiti per l'analisi della comunicazione vi siano gangster e mafiosi.

Le sue teorie riguardanti questa categoria sono molto interessanti e anche utili ai fini di questo libro, al fine di sottolineare come anche i migliori (nel campo delle menzogne, non nella vita, mi sembrava giusto specificarlo), spesso non riescano ad evitare di emettere dei segnali involontari.

Che sia per la posizione delle mani, per un gesto ripetuto o per un sopracciglio che si muove un po' troppo, anche i gangster più temuti si tradiscono sempre agli occhi di chi sa captare i segnali emessi dal linguaggio del corpo.

Sono due in particolare le domande a cui il lavoro di Joe Navarro ha cercato di dare una risposta.

Perché siamo così attratti dai gangster?

I gangster sono davvero ciò che mostrano?

Ovviamente, la prima domanda è molto più superficiale, per rispondere invece alla seconda Navarro ha dovuto analizzare attentamente l'atteggiamento di alcuni tra i gangster più famosi della storia.

Cerchiamo, nel modo più sintetico e chiaro possibile, di riportare l'analisi fatta da Navarro.

La risposta alla prima domanda è alquanto semplice.

I gangster ci appaiono così affascinanti perché fanno di tutto per mostrarsi in questo modo.

Può sembrare quasi paradossale, ma i gangster, in particolari i capi delle organizzazioni criminali americane, erano perfettamente a conoscenza del fatto che le foto che venivano loro scattate una volta arrestati, sarebbero state poi rese pubbliche sui giornali e, successivamente, in televisione.

Per questo motivo, cercavano sempre di apparire ben vestiti, in modo da dare l'impressione di godere di grande benessere, e con posture e espressioni tipiche di chi vuole dare un'idea di sé da uomo duro.

Stesso motivo per cui si atteggiavano così anche per le strade: dovevano sembrare ricchi, potenti e invincibili, in modo da spaventare e guadagnarsi il rispetto dei propri amici e dei propri nemici.

Per questa serie di motivi, anche oggi a decenni di distanza dalla morte di alcuni casi presi in considerazione da Navarro, queste figure ci appaiono così ricche di fascino, provocando in alcuni quasi invidia verso il loro stile di vita, nonché talvolta un malsano desiderio di emulazione.

Ma in realtà, quando venivano immortalati dalle fotocamere, ciò che nascondevano era ben diverso.

In diverse sue spiegazioni, Joe Navarro prende come esempio foto e filmati d'epoca, ritraenti alcuni tra i più celebri boss mafiosi di sempre.

Tra i vari casi analizzati da Navarro possiamo trovare Bugsy Siegel, John Dillinger, Mickey Cohen e addirittura il famosissimo gangster diventato celebre con il nome di Lucky Luciano, ovvero colui che viene da molti considerato il padre delle organizzazioni criminali americane moderne.

Ciò che spiegano le analisi di Navarro è che la durezza e lo stoicismo che emergono dall'atteggiamento di questi criminali non è altro che una facciata eretta per nascondere varie insicurezze e problemi psicologici.

Ad esempio, i vestiti, griffati e costosi, sono talvolta un modo per nutrire il proprio narcisismo spropositato, altre volte per sottolineare il successo raggiunto nella propria carriera tra le file criminali.

Molto interessanti sono le immagini durante gli arresti o in tribunale.

Questi gangster, infatti, pur provando ad assumere sempre pose da duro, in realtà si tradiscono con piccoli atteggiamenti involontari, i quali fanno emergere tutta l'insicurezza dovuta ad una situazione in cui sono in netta difficoltà.

Talvolta è la posizione delle mani, talvolta il continuare ad aggiustarsi la posizione dei calzini o della cravatta, altre volte ancora un movimento di un sopracciglio.

I segnali possono essere molti e di diverse categorie, ma ciò che è certo è che nemmeno i gangster più spietati riescono a nascondere un sentimento così potente come la paura.

5.2 Gli insegnamenti dell'FBI nella vita di tutti i giorni

I casi analizzati da Joe Navarro citati nel paragrafo precedente riguardano tutti grandi criminali con alle spalle assassinii, traffico internazionale di stupefacenti o evasioni da carceri di massima sicurezza.

Insomma, persone non proprio raccomandabili e con cui mi auguro tu non abbia mai l'occasione di rapportarti, a meno che il tuo più grande desiderio non sia proprio combattere queste pericolose organizzazioni.

In generale, una persona comune non avrà mai l'opportunità di parlare con il nuovo Lucky Luciano e di fare pratica nell'analisi del linguaggio del corpo su un personaggio così particolare.

Come penso e spero che tu abbia ormai capito arrivato a questo punto del libro, l'analisi delle persone non è essenziale solo per gli Agenti Speciali dell'FBI, ma può costituire anche un'importantissima risorsa nella vita di tutti giorni.

Tra i tanti sostenitori di questa convinzione vi è anche lo stesso Joe Navarro, che, come detto in precedenza, ora divulga alle persone comuni le tecniche apprese in anni e anni di studio e di esperienza sul campo.

Navarro tiene oggi molti convegni e ha pubblicato diversi libri, il cui scopo non è solamente quello di raccontare la propria esperienza con criminali e terroristi, ma anche, e forse soprattutto, quello di insegnare alle persone ad essere più coscienti dell'importanza del sapere analizzare il linguaggio del corpo dei propri interlocutori.

Come i Comandamenti, dalle interviste e dai libri di Navarro emergono dieci leggi, dieci consigli da tenere sempre in mente quando si vuole analizzare i propri interlocutori attraverso l'osservazione del linguaggio del corpo.

Vediamo insieme questa lista.

Il consiglio numero uno è **osserva il tuo ambiente**.

Potrebbe sembrare un consiglio banale, ma Navarro sottolinea come, secondo la sua esperienza, l'osservazione sia una capacità da allenare e che, di conseguenza, solo tramite l'allenamento si può migliorare sotto questo aspetto.

Molte persone, anche se non ne sono pienamente coscienti, hanno perso questa importantissima abilità e ora molto spesso guardano ciò che le circonda senza però osservare veramente.

Cerca quindi di prestare sempre la massima attenzione all'ambiente circostante, allenando così la tua capacità di osservazione.

Il secondo consiglio, come forse avrai capito, è quello a me più caro, ovvero **considera il contesto**.

Non mi dilungherò molto su questo punto in quanto è stato ampiamente già affrontato in precedenza.

Sarà sufficiente sottolineare ancora una volta l'importanza di immergere un segnale in un contesto più ampio, cercando anche all'interno di questo i motivi per cui è stato emesso.

Ricordati: la comunicazione non verbale è sempre dipendente dal contesto.

Successivamente, Navarro consiglia di imparare a **decodificare i segnali universali**.

Ci sono alcuni comportamenti che hanno sempre lo stesso significato.

Per padroneggiare le tecniche di analisi delle persone è necessario imparare perfettamente quali sono questi atteggiamenti e il loro significato preciso.

Questi atteggiamenti sono una sorta di bussola nel viaggio verso la definitiva comprensione del proprio interlocutore.

Dall'altra parte, è necessario anche saper **riconoscere i segnali non universali**.

Nela pratica si è notato, come ho già provato ad accennarti nei primi capitoli, come alcuni segnali possano cambiare di significato da persona a persona.

Abbiamo già visto l'esempio delle braccia conserte.

Il miglior modo per non cadere in errore in questi casi consiste nel conoscere il proprio interlocutore e far tesoro delle esperienze passate.

Arriviamo a metà di questa interessante lista citando l'importanza dell'**individuazione di schemi comportamentali**.

Prima di notare le variazioni nei comportamenti dei propri interlocutori in momenti di stress o di confronto, bisognerebbe sempre conoscere il comportamento di chi ci sta di fronte in momenti di tranquillità.

Così facendo sarà molto più facile notare le variazioni dei comportamenti nei momenti opportuni.

Continuiamo con il sesto consiglio: **metti in relazioni più segnali**.

Analizzare un singolo segnale può nella maggior parte delle volte non essere sufficiente.

Ad esempio, ti sarà sicuramente capitato di ricevere segnali contraddittori da una persona, magari di agio e disagio alternati.

Ecco, segnali così contrastanti evidenziano la difficoltà del tuo interlocutore.

Contemporaneamente, **dà la giusta importanza ai cambiamenti improvvisi**.

Un cambiamento improvviso nell'atteggiamento del proprio interlocutore è un segnale che sicuramente indica come ci sia stato un qualcosa che lo ha turbato, costringendolo ad adattare i propri sentimenti e i propri comportamenti a questa nuova situazione.

Per non essere ingannati, è anche essenziale imparare a riconoscere i **segnali non verbali ingannatori**.

Senza citare nuovamente criminali vari, avrai sicuramente notato come l'atteggiamento di alcune persone cerchi talvolta di dare segnali non veritieri.

Questi vengono chiamati segnali ingannatori, i quali non sono altro dei segnali che il tuo interlocutore, esperto a sua volta di comunicazione non verbale, cerca di emettere per trarti in inganno durante l'analisi.

Imparare a riconoscere questi segnali è quindi fondamentale per non essere ingannati proprio quando si pensa di aver raggiunto un certo grado di comprensione in chi ti sta davanti.

Come penultimo consiglio, troviamo quello che ti sprona ad imparare a **distinguere tra agio e disagio**.

Imparare a conoscere i segnali riconducibili a questi due sentimenti così opposti non può che essere essenziale per capire cosa provi il proprio interlocutore di fronte ad un certo discorso.

Tra l'altro, se l'analisi di questo punto viene rivolta verso se stessi, si rivela anche un ottimo modo per conoscersi meglio.

Arriviamo infine con l'ultimo consiglio, ma sicuramente non per ordine di importanza.

Osserva senza essere osservato.

Ovviamente questo punto è particolarmente importante per chi ha costantemente a che fare con pericolosi criminali, ma è altrettanto valido anche nella vita di tutti i giorni.

È infatti sempre necessario evitare di far intuire ai propri interlocutori che si stanno mettendo in atto le strategie per analizzare il loro linguaggio non verbale.

Nel caso si abbia a che fare con gangster si rischierebbe addirittura la morte, cosa che non accade con persone comuni, ma, anche in questo caso, ci si esporrebbe a diversi rischi, seppur minori, come creare della tensione inutile e diventare facili prede dei segnali ingannatori.

5.3 Dalla teoria alla pratica

Ho voluto inserire questo capitolo nel libro principalmente per due motivi.

Da una parte, penso che le informazioni contenute siano estremamente interessanti per chiunque: anche coloro che non sono particolarmente interessati ad imparare ad analizzare le persone sono sicuro che troveranno molto piacevole almeno la lettura del primo paragrafo di questo capitolo.

Ma è in modo particolare per il secondo motivo che ho scelto di inserire quanto hai letto nelle precedenti pagine.

Con questo capitolo infatti si conclude la parte puramente teorica del libro e dal prossimo capitolo troverai quindi tutti i metodi pratici per scovare i segnali più importanti del linguaggio non verbale.

Ho scelto proprio la figura di Joe Navarro per guidare questa transizione dal teorico al pratico, dato che Navarro è una persona che questo salto lo ha fatto più volte, passando prima da studente ad Agente Speciale e poi tornando sui banchi di scuola, ma dall'altra parte, in qualità di divulgatore oltre che di scrittore.

Ciò che hai letto in questi primi capitoli e in particolar modo nelle ultime pagine ti sarà sicuramente utile per riuscire ad utilizzare al meglio nella pratica i metodi che ti verranno spiegati nel resto del libro.

Nella vita di tutti i giorni, ricordati di tenere sempre bene a mente i dieci consigli di Navarro che hai letto poco fa.

D'altronde, te li ha dati uno che di pratica ne ha fatta parecchia.

6. Gli occhi e lo sguardo
6.1 Introduzione

Dopo la prima parte del libro, colma di importantissimi concetti teorici, arriviamo finalmente a parlare di pratica.

Da questo punto in avanti ti verranno date importanti indicazioni su come analizzare i tuoi interlocutori nel momento in cui ti trovi davanti a loro.

Come avrai modo di leggere, i segnali che analizzeremo in questo capitolo e nei successivi vengono emessi quotidianamente nella vita di tutti i giorni.

I messaggi che questi segnali vogliono comunicare possono essere di tipologie completamente diverse tra di loro, partendo dall'interesse sessuale fino ad arrivare alla vera e propria menzogna.

Piccola nota prima di iniziare questa nostra analisi.

Ricordando quanto detto nei capitoli precedenti, ogni segnale deve essere valutato all'interno di un contesto più ampio.

Tuttavia, sempre come abbiamo visto nel capitolo precedente, anche nella lista dei dieci consigli di Joe Navarro, è molto utile nella vita di tutti i giorni conoscere i segnali universali della comunicazione non verbale in modo da riuscire velocemente ad orientarsi almeno ad un primo livello di analisi.

Ho scelto di avere un approccio abbastanza tradizionalista nell'analisi che segue, dividendo i segnali non in base al significato, quanto in base alla parte del corpo che emette il messaggio.

Ritengo che per gli scopi didattici e divulgativi perseguiti da questo testo, questa sia la suddivisione più utile per riuscire a darti delle direttive da mettere in pratica fin da subito.

Infatti, dopo aver letto ogni capitolo di questa seconda parte del libro, potrai subito esercitarti nella pratica, concentrandoti sui segnali delle varie parti del corpo analizzate.

6.2 Tutto ciò che puoi capire dagli occhi

Per iniziare questa analisi, come avrai già letto dal titolo del capitolo e di questo paragrafo, non potevo non scegliere lo specchio dell'anima, ovvero gli occhi.

Gli occhi, da che l'uomo ne ha memoria, sono stati grande fonte di ispirazioni per artisti, nonché il miglior modo per comunicare amore e desiderio sessuale senza l'uso delle parole.

Ma gli occhi comunicano anche molto altro.

Di seguito troverai allora una piccola carrellata dei più comuni sguardi che gli uomini e le donne fanno nella vita di tutti i giorni.

Questi sguardi verranno direttamente associati ad un significato ben preciso, in modo da darti l'opportunità, come detto poco sopra, di mettere in pratica fin da subito tutte le nozioni imparate.

Il primo tipo di sguardo che voglio analizzare è ciò che chiamo "**sguardo da duro**".

Nella vita di tutti i giorni, nei film o nelle serie TV sicuramente avrai già visto questo tipo di sguardo, davvero tra i più comuni che le persone assumono.

Questo sguardo è molto intenso e penetrante, con gli occhi non proprio aperti al massimo, ma nemmeno eccessivamente socchiusi.

Questo tipo di sguardo è solitamente accompagnato anche da espressioni facciali particolari, come ad esempio la bocca serrata, le narici del naso contratte così come lo sono le sopracciglia, a cui si aggiunge molto spesso anche una posizione del capo leggermente inclinato in avanti o all'indietro: tutti elementi che cercano di sottolineare la durezza che si vuole trasmettere.

Chi assume questo atteggiamento di solito lo mantiene per diverso tempo proprio perché vuole essere chiaramente notato.

Il segnale emesso è quindi sempre molto chiaro.

Colui che si pone al proprio interlocutore con uno sguardo da duro vuole innegabilmente comunicare avversità e in alcuni casi addirittura spaventare chi gli sta di fronte.

Ovviamente, inutile dire che è meglio non giocare con il fuoco in questi casi, ma è invece preferibile cercare di evitare di far innervosire ulteriormente chi ti sta di fronte.

Proseguiamo con quello che molti chiamano **sguardo prolungato**.

In questo caso non possiamo parlare di un vero e proprio comportamento degli occhi, ma semplicemente si intende quell'atteggiamento per cui una persona ne fissa un'altra per un periodo più o meno prolungato di tempo.

Molte volte, addirittura, questo periodo viene intervallato da delle pause, magari quando la persona "fissata" incrocia lo sguardo di quella che sta fissando.

Questo tipo di sguardo può essenzialmente voler dire due cose.

Due significati differenti a seconda del contesto, ma sempre inerenti all'interesse.

Un primo caso vede nella persona che assume uno sguardo prolungato nei confronti dell'altra un interesse di tipo sessuale.

La persona che prova questo tipo di interesse e assume questo tipo di sguardo solitamente è sfrontata e non ha interesse a nascondersi dietro timidi ammiccamenti o segnali deboli, preferendo mettere le cose in chiaro fin da subito con uno sguardo prolungato.

Nel secondo caso è l'interesse verso l'argomento della conversazione a portare il proprio interlocutore ad assumere questo tipo di sguardo.

Banalmente, questo sguardo è molto comune quando si incontrano nuove persone al momento della presentazione: se una persona lo assume, solitamente vuol dire che era interessata a fare la tua conoscenza.

Arriviamo poi a quello che probabilmente è lo sguardo più interessante di questa lista, ovvero lo **sguardo sfuggente**.

In questo caso il proprio interlocutore cerca di evitare il contatto tra il suo e il tuo sguardo, magari anche utilizzando banali pretesti come grattarsi l'occhio o guardare lo smartphone sperando nell'arrivo di una qualche notifica.

Essenzialmente, possono esserci quattro significati dietro lo sguardo sfuggente.

Un primo significato lo troviamo in risposta ai due tipi ti sguardi analizzati in precedenza.

Distogliere lo sguardo in questi casi, infatti, vuol dire sentirsi minacciati e cercare di portare la propria attenzione da un'altra parte, distogliendola così dal proprio interlocutore.

Se, ad esempio, vi è uno sguardo sfuggente in risposta a quello da duro, vuol dire che chi assume questo atteggiamento si sente in pericolo.

Invece, chi assume uno sguardo sfuggente in risposta ad uno sguardo prolungato lo fa solitamente perché non contraccambia l'interesse della controparte, ad esempio quello sessuale.

Uno sguardo sfuggente può voler dire anche insicurezza o disagio.

Infatti, quando una persona non si sente a proprio agio nell'affrontare una determinata conversazione o non è certo dei concetti che sta esponendo, cercherà di evitare in tutti i modi di incrociare lo sguardo dei propri interlocutori.

Infine, abbiamo un segnale di falso.

Uno sguardo sfuggente molto spesso è sinonimo di una menzogna.

Anche chi mente, infatti, molto spesso evita di incrociare lo sguardo di chi ha davanti, sia perché sa che tramite gli occhi potrebbe essere scoperto sia perché, tornando a quanto detto nelle righe precedenti, potrebbe sentirsi in colpa nell'aver mentito.

La domanda che potrebbe sorgere spontanea a una persona non avvezza al mondo dell'analisi della comunicazione non verbale è come fare a distinguere tra tutti questi vari significati.

Se hai letto attentamente i capitoli precedenti la discriminante che fa propendere verso un'interpretazione piuttosto che un'altra dovresti già averla compresa.

Ovviamente sto parlando del contesto.

Vediamo ora due sguardi tipici che segnalano dell'interesse sessuale.

Il primo è lo **sguardo di traverso**.

A differenza di altri tipi di sguardo che comunicano interesse romantico, questo è senza alcuna ombra di dubbio molto più allusivo.

Questo tipo di sguardo permette infatti di mandare segnali senza assumere un atteggiamento eccessivamente plateale, riuscendo quindi a comunicare efficacemente il proprio interesse, rimanendo comunque in qualche modo eleganti nel proprio atteggiamento.

Nella pratica, questo è il tipico sguardo di sbieco, talvolta accompagnato da degli occhi socchiusi o da un velato sorriso, tutti segnali che sottolineano nuovamente e maggiormente l'interesse.

Nella maggior parte dei casi, questo tipo di sguardo è quello usato nel primo approccio, quando ancora non si vuole o non si è pronti a scoprire tutte le carte in tavola.

Tuttavia, le persone più riservate o amanti dei flirt più velati possono assumere questo sguardo anche in fasi ben più avanzate del rapporto.

Il secondo sguardo che segnala interesse sessuale che voglio qui proporre è praticamente opposto a quello appena visto.

Voglio infatti parlare di quel tipico **sguardo dall'alto in basso**.

Questo è il tipico sguardo di chi sta cercando di "squadrare" l'oggetto del proprio desiderio sessuale, senza farsi remore di venire notato.

È tipicamente un segnale maschile e nella maggior parte dei casi anche un po' maschilista, ma non per questo è esclusivo di questo sesso, anche se solitamente le donne sono più abili a nasconderlo.

Chi emette questo tipo di sguardo vede nella persona che ha di fronte una sorta di preda da conquistare, osservandola attentamente partendo dall'alto fino ad arrivare a terra.

Come detto, la persona che assume questo tipo di atteggiamento non ha paura che il proprio interesse venga scoperto, ma anzi al contrario molte volte fa di tutto per esplicitare il proprio desiderio.

Di conseguenza, questo sguardo è tipico delle persone con grande ego e che non amano flirt velati e lunghi giochi di seduzione.

Cambiando ora ambito, arriviamo all'ultimo tipo di sguardo che vorrei analizzare in questo capitolo.

È il momento di parlare degli **occhi chiusi**.

Ovviamente con "occhi chiusi" non si vuole intendere né gli occhi che rimangono chiusi per molto tempo, né tantomeno un rapido battito di palpebre.

In questo caso si sta parlando di una chiusura delle palpebre relativamente breve, ma indubbiamente percepibile ad occhio nudo senza troppa fatica.

Questo atteggiamento è un chiaro segnale universale che il proprio interlocutore non ha più alcun interesse nel partecipare a quella determinata discussione.

Solitamente la chiusura degli occhi non è data da disagio o da astio nei confronti di un certo argomento, ma è molto più probabile che alla sua base ci sia semplicemente della noia.

Se stai cercando quindi di far colpo su una persona e noti in lei questo atteggiamento, il consiglio è sicuramente quello di assecondare i suoi desideri e portare la discussione su un nuovo argomento.

Siamo ormai giunti alla fine di questa nostra analisi sui tipi di sguardi più comuni.

Come puoi notare, già solo analizzando una parte del corpo piccola come possono essere gli occhi si possono comprendere tantissime cose di una persona.

Ovviamente non tutte le parti del corpo sono ricche di significato come lo sono gli occhi e proprio per questo motivo è proprio dagli sguardi che consiglio di iniziare la propria analisi quando si parla di comunicazione non verbale.

D'altronde, ci sarà pur un motivo se gli occhi vengono chiamati "lo specchio dell'anima".

7. Il volto: espressioni e comportamenti
7.1 Le espressioni facciali

Senza allontanarci troppo dagli occhi, è arrivato il momento di analizzare la funzione del viso nella comunicazione non verbale.

La questione è qui particolarmente interessante in quanto molto spesso le persone mostrano una faccia che non rispecchia realmente ciò che sono o le emozioni che sentono.

O per lo meno ci provano.

Provano a sembrare più sicuri di sé, più forti moralmente o più coraggiosi, cercando di nascondere i lati più oscuri del proprio carattere.

Dico "ci provano" perché se una persona conosce i metodi per analizzare tutti i messaggi della comunicazione non verbale che passano dal volto, allora saprà anche come e quando il proprio interlocutore sta forzando una determinata espressione, magari al fine di mentire o di nascondere qualcosa.

Prendiamo per esempio il semplice sorriso.

Un sorriso nasconde molto più di ciò che vuole mostrare.

Esistono molti tipi di sorrisi diversi, che noi tutti impariamo a fare nell'arco della nostra vita per comunicare un qualcosa di specifico.

Tuttavia, il sorriso non è sempre un qualcosa di naturale, ma è molto più spesso una maschera che usiamo per nascondere un qualcosa.

Alcuni esperti sostengono addirittura che il sorriso per l'essere umano non sarebbe un'espressione naturale, ma bensì un qualcosa che siamo portati ad imparare a fare per vivere nella nostra società moderna.

Ciò che è certo è che effettivamente ognuno di noi impara a sorridere, magari per esprimere un qualcosa o per nascondere altro.

Ad ogni modo, il discorso sul sorriso, per quanto in apparenza semplice, è in realtà molto più complesso di così.

Per questo motivo, ho scelto di parlare più approfonditamente dell'argomento nel prossimo paragrafo, in modo da darti alcune dritte su come interpretare vari tipi di sorriso nella pratica di tutti i giorni.

In questo paragrafo, invece, come avrai capito dal titolo, vogliamo concentrarci su alcune espressioni facciali particolarmente comuni nella comunicazione non verbale di tutti i giorni.

Il primo tipo di espressione facciale su cui voglio soffermarmi è…

…nessuna espressione!

Esatto, perché il **coprirsi il viso** è un atteggiamento molto importante che può volere dire diverse cose, le quali dipendono soprattutto in funzione del fatto che se chi assume questo comportamento sta parlando o sta ascoltando.

Nel caso si stia ascoltando, il coprirsi il viso, solitamente con le mani, indica un senso di disagio.

Probabilmente il tuo interlocutore non è assolutamente d'accordo con ciò che stai dicendo, magari ne è addirittura scioccato, ma ciò che è sicuro è che sta cercando di prendere delle nette distanze dalle tue parole.

La situazione in questi casi è particolarmente delicata e ti consiglio quindi di prestare particolare attenzione a come gestirai il discorso da questo punto in avanti.

Se invece colui o colei che si copre il volto sta in quel determinato momento parlando, vuol dire che sta comunque provando una situazione di disagio, ma questa volta molto probabilmente causata dal fatto che sta mentendo.

Questa analisi è ugualmente valida nella maggior parte dei casi anche se ad essere coperta è solo una parte ridotta del viso, in particolar modo la bocca o gli occhi stessi.

Procediamo con una particolare combinazione di atteggiamenti.

Vorrei infatti soffermarmi su un'espressione facciale particolarmente comune, ovvero quella che vede **le sopracciglia corrugate e le labbra contratte**.

Questa espressione è un chiaro segnale di stress.

È un segnale molto plateale e per questo motivo è molto più probabile che ad emetterlo siano bambini, i quali non prestano alcuna attenzione a queste finezze di comunicazione, rispetto che a soggetti adulti.

Infatti, questi ultimi tendono a non assumere espressioni così plateali e facilmente interpretabili e nel caso lo facessero molto probabilmente non sarebbe perché sono scatenate da un qualcosa di inconscio, ma dalla chiara volontà di comunicare quella determinata sensazione.

Arriviamo alla fine di questa carrellata con quell'espressione caratterizzata dai **lineamenti verso il basso.**

In questo caso le estremità della bocca, del taglio degli occhi e le sopracciglia, sembrano proprio tendere verso il basso, come se fossero fatte di burro e fuori ci fossero quaranta gradi.

Questa è la tipica espressione di chi vuole mandare un segnale di tristezza.

Chi l'assume, infatti, ha quasi sicuramente ricevuto una brutta notizia inaspettata e si trova al momento in una situazione di grande fragilità emotiva.

Questi sono solo alcune delle tante espressioni facciali comunemente conosciute, ma gli esempi che si potrebbero fare sono molti altri.

Ho scelto proprio di analizzare queste particolari espressioni in quanto il loro valore è praticamente universale, di conseguenza le nozioni che hai appreso in questo paragrafo sono facilmente applicabili nella vita di tutti i giorni.

7.2 Il sorriso

Arriviamo ora finalmente a parlare del sorriso.

Abbiamo visto nel paragrafo precedente come in realtà dietro ad un sorriso si nasconda molto di più di ciò che una persona senza conoscenze riguardanti la comunicazione non verbale potrebbe immaginare.

Infatti, ti ho già accennato di come il sorriso sia almeno in parte un qualcosa che si impara e non per forza un'espressione naturale scatenata da un sentimento inconscio.

Proprio per tutti questi motivi il sorriso diventa un elemento estremamente interessante da prendere in analisi, in quanto non è solamente una normalissima espressione facciale, ma bensì un comportamento capace come probabilmente nessun altro di sottolineare certe sensazioni e di nasconderne altre.

Come per gli altri casi analizzati e forse più, anche di sorriso ne esistono moltissimi tipi e analizzarli tutti richiederebbe almeno un paio di tomi di spazio e non solamente un paragrafo di un libro.

Per questo motivo, ho scelto ancora una volta di selezionare tre tipi di sorriso ben precisi, ovvero quelli che a mio avviso sono i più comuni nella vita di tutti i giorni.

Continua nella lettura: sono sicuro che troverai certamente qualche comportamento a te familiare.

Iniziamo questo nostro viaggio nel mondo ambiguo dei sorrisi con il classico **sorriso forzato**.

Abbiamo detto in precedenza come il sorriso sia molte volte una convenzione sociale e non un'espressione con la chiara finalità di esprimere un'emozione sincera.

Se è vero che tutti noi impariamo a sorridere allora è automaticamente altrettanto vero che si può imparare a fingere di sorridere.

Ed ecco i sorridi forzati, chiamati comunemente anche "sorrisi finti".

Molto spesso non è semplice distinguere questo tipo di sorrisi da quelli genuini e veri.

Il consiglio che voglio darti per cercare di distinguere questi due tipi di sorrisi così simili alla vista ma con un significato così differente è quello di guardare tutto il volto, senza soffermare quindi la tua attenzione alle sole labbra.

Se anche gli occhi, gli zigomi, le sopracciglia e tutti gli altri elementi del viso "accompagnano" il sorriso, allora molto probabilmente si tratta di un sorriso genuino.

Se, al contrario, gli occhi appaiono vuoti e non cambia la posizione di zigomi e sopracciglia, allora molto probabilmente ti trovi di fronte ad una persona che sta mostrando un sorriso finto.

Ovviamente lo scopo di un sorriso finto è quello di ingannare il proprio interlocutore, facendogli capire di essere più bendisposto verso un determinato argomento di quanto non lo si sia nella realtà.

Se riconosci i segnali di un sorriso finto, presta quindi più attenzione alla conversazione: molto probabilmente il tuo interlocutore sta mentendo.

Passiamo poi al **sorriso a labbra strette**.

Anche questo tipo di sorriso non è genuino al cento percento, tuttavia è decisamente diverso rispetto al caso che abbiamo analizzato in precedenza.

Un sorriso a labbra strette, infatti, difficilmente è interpretabile con una menzogna vera e propria come quanto accade nella maggior parte dei casi quando si parla di sorriso forzato, ma non è comunque un comportamento naturale.

Infatti, un sorriso a labbra strette è facilmente interpretabile nella quasi totalità di casi come un gesto di cortesia.

Probabilmente chi assume un'espressione mostrando un sorriso di cortesia lo fa perché si trova in una situazione in cui si sente obbligato a sorridere, quando in realtà non vorrebbe farlo veramente.

È molto comune notare sorrisi di cortesia a labbra strette quando due conoscenti, senza molta confidenza, si salutano freddamente incontrandosi per strada, in risposta ad una battuta che in realtà non faceva ridere o in molti altri casi in cui a volte si vuole addirittura nascondere il proprio imbarazzo.

È difficile che vi sia dietro ad un sorriso a labbra strette un significato "malvagio", in cui il proprio interlocutore vuole cercare di mandare segnali ingannevoli, ma è molto più probabile che sia un gesto dettato dall'educazione.

Arriviamo infine al **sorriso aperto**.

Questo tipo di sorriso è quello che più probabilmente è genuino.

Stiamo parlando del classico sorriso che mostra i denti, chiaro segnale di divertimento e interesse.

Tuttavia, non bisogna dare per scontato che il sorriso aperto sia sempre e comunque un segnale di genuine sensazioni positive.

Può capitare infatti che il proprio interlocutore conosca quanto hai letto in questo capitolo e provi a sfruttare a suo vantaggio queste nozioni.

In questi casi, come al solito, il consiglio è quello di analizzare con cura il contesto e il comportamento complessivo di chi ti sta di fronte.

Gli occhi potrebbero dare altri segnali, così come potrebbero fare altrettanto altri fattori importanti nella comunicazione non verbale, quali ad esempio la postura o la distanza prossemica.

Proprio per questo motivo il nostro studio dei segnali universali del linguaggio non verbale non può fermarsi qua.

Nei prossimi capitoli cercheremo allora di vedere l'analisi di alcuni aspetti ancora più delicati, in modo da darti un'infarinatura il più completa possibile dei metodi e delle strategie più utilizzate per analizzare le persone.

8. La postura
8.1 L'apertura del corpo

Arriviamo quindi a parlare della postura.

Analizzare la postura del proprio interlocutore potrebbe non essere un compito così semplice come si potrebbe immaginare se non si ha esperienza in questo campo.

Infatti, è proprio durante l'analisi della postura di chi ci sta di fronte che è più probabile incappare in uno di quegli errori che abbiamo visto ad inizio del libro.

Anche per questo motivo è praticamente impossibile trattare la postura del corpo come abbiamo fatto per gli occhi o per le espressioni facciali, ovvero andando alla ricerca di alcuni segnali universali in grado di aiutarci per lo meno in un primo livello di analisi.

Tuttavia, l'analisi della postura è molto utile per iniziare a capire se il proprio interlocutore sia chiuso o aperto verso un certo argomento, una certa convinzione o un determinato ragionamento.

Possiamo quindi affermare che anche se l'analisi della postura difficilmente può darci informazioni dettagliate e sicure al cento percento, è comunque in grado di farci capire, per lo meno a livello superficiale, se il nostro interlocutore è bendisposto verso un certo argomento o meno.

Iniziamo quindi analizzando proprio **l'apertura del corpo**.

Con l'espressione "apertura del corpo" voglio intendere l'atteggiamento di una persona nei confronti di chi le sta attorno, se, ad esempio assume una posizione che invita gli interlocutori a proseguire nel discorso mostrandosi così interessata o se, viceversa, si chiude dando l'impressione di disinteresse o astio nei confronti di un particolare discorso o atteggiamento.

Visto che abbiamo già citato questa posizione in precedenza, iniziamo prendendo nuovamente in analisi le braccia conserte.

Generalmente le braccia conserte indicano una voglia di distaccarsi dal proprio interlocutore e una chiusura verso le sue parole.

Ma le braccia conserte sono solo uno dei tanti esempi che si possono fare di posture che indicano una chiusura.

Infatti, tutti quegli atteggiamenti che cercano di mettere un qualcosa tra i due interlocutori segnalano la chiusura di almeno uno di questi.

Possono essere le mani "a triangolo" appoggiate sul tavolo se si è seduti, oppure incrociate vicino alla zona del pube se si è in piedi o ancora a protezione di una o più parti del viso.

Questo segnale è ugualmente valido nel caso venga emesso addirittura tramite un oggetto posizionato tra le due persone, come ad esempio potrebbe essere una borsa, uno zaino o una giacca.

Come detto però in precedenza, ma è proprio il caso di ricordarlo anche in questa sede, questo genere di comportamenti è molto spesso causato da ben altre motivazioni.

Ad esempio, una persona potrebbe avere caldo, togliersi la giacca e, non sapendo dove appoggiarla, tenerla tra le mani davanti a sé e inducendo involontariamente in errore il proprio interlocutore che sta cercando di analizzare i comportamenti di chi gli sta di fronte.

Abbiamo anche già visto come le braccia conserte possano essere una risposta al freddo dell'ambiente, a dolori di stomaco, o ancora addirittura potrebbe essere sinonimo di concentrazione o di grande interesse, ovvero l'esatto opposto della chiusura verso un argomento!

L'apertura del corpo può essere quindi un ottimo modo per capire il gradimento del proprio interlocutore, ma cerca sempre ulteriori segnali in grado di smentire o confermare le tue teorie, soprattutto attraverso l'ambiente circostante.

Non esistono però solamente i segnali di chiusura, ma anche quelli di apertura.

I segnali di apertura della postura generalmente sono caratterizzati da un atteggiamento rilassato della persona, la quale non posiziona inoltre nessun elemento tra se stessa e il proprio interlocutore.

Ad esempio, tra i segnali di apertura possiamo trovare le braccia rilassate, aperte o tenute stese lungo il corpo, mani (e in particolar modo i palmi) e polsi in vista, le gambe rilassate e non accavallate o la mancanza di un oggetto superfluo interposto tra le due persone.

Nel caso dei segnali di apertura è più difficile incorrere in errori, tuttavia anche qua il consiglio è sempre quello di andare alla ricerca di ulteriori indizi in grado di smentire o confermare le proprie teorie.

8.2 La direzione del corpo

La direzione del corpo è uno degli elementi più importanti per capire l'interesse di una persona nei riguardi di qualcuno e di un discorso preciso, anche e soprattutto quando ci si trova in gruppo.

Essenzialmente, c'è una cosa da analizzare per capire se hai l'attenzione della persona a cui stai parlando e questa è proprio la direzione del suo corpo.

È molto interessante a questo proposito mettere in relazione la direzione del corpo con quella dello sguardo.

Molti studi hanno infatti dimostrato come sia solitamente la prima quella più sincera e che avere un contatto visivo con il proprio interlocutore non sempre si riveli una condizione sufficiente per avere anche la sua attenzione.

Ovviamente la condizione migliore corrisponde allo scenario in cui il tuo interlocutore rivolga verso di te sia il busto che lo sguardo.

Ma nella vita si sa, non si può sempre avere tutto.

Se quindi stai parlando con una persona e questa con gli occhi ti sta guardando, ma il suo corpo è rivolto da un'altra parte, vuol dire che desidera che la sua attenzione vada nella direzione verso cui punta il suo corpo.

Addirittura, molte volte la sua attenzione è già là e magari tu non te ne sei nemmeno accorto.

Ti sarà sicuramente capitato di essere con un gruppo di persone e mentre una di queste inizia a parlarti di un argomento poco interessante, senti altri componenti del gruppo iniziare un discorso che ti interessa decisamente di più.

Magari per educazione continuerai il discorso meno interessante, ma la tua mente sarà dall'altra parte e sarà proprio verso quella direzione che indicherà il tuo corpo.

Ovviamente il discorso è esattamente il contrario se il tuo interlocutore, pur non guardandoti in faccia, indica nella tua direzione con il busto.

In questi casi, chissà per quale ragione, il tuo interlocutore non può guardarti, ma per lo meno desidera concederti la giusta attenzione e molto probabilmente lo sta già facendo anche se magari superficialmente non si direbbe.

La direzione del corpo è un fattore da tenere in seria considerazione quando si sta cercando di analizzare la comunicazione non verbale delle persone.

Sono pochissime infatti le persone che prestano particolare attenzione a questo aspetto, riuscendo a gestirlo in modo volontario e di conseguenza a camuffare il proprio interesse o disinteresse.

Cerca comunque sempre ulteriori indizi in grado di confermare o smentire le tue tesi, ma sappi anche che in questo caso sarà difficile incorrere in un segnale che significhi qualcos'altro o in un atteggiamento emesso di proposito per mandarti fuori strada nella tua analisi.

9. Vicinanza, distanza e contatto
9.1 La distanza prossemica

Dopo aver parlato di tutti i segnali non verbali intrinsechi del corpo, è arrivato il momento, prima di terminare il libro, di aprire una piccola parentesi riguardante il rapporto fisico tra una persona e i suoi interlocutori.

Capire perché una persona si comporti in un certo modo all'interno dello spazio e in relazione fisica rispetto a ciò che gli sta intorno è molto utile per diversi fini.

Prima di tutto, ovviamente, saper riconoscere determinati tipi di segnali ti aiuterà senza alcuna ombra di dubbio in una prima fase di analisi del tuo interlocutore.

Secondo poi, cosa altrettanto se non più importante come abbiamo visto anche nei capitoli precedenti, i concetti che vedremo in questi capitoli sono utilissimi anche per mettere alla prova il tuo interlocutore e le tue convinzioni.

Ti ho infatti già più e più volte accennato dell'importanza di testare la veridicità delle tue tesi, ma nella pratica non ti ho mai spiegato realmente come fare, se non tramite qualche breve spunto nella prima parte del libro.

Prima di concludere questo penultimo capitolo, allora, ho pensato di riservare un paragrafo apposito per spiegarti come utilizzare i concetti che leggerai nelle prossime righe per cercare conferme e smentite delle tue tesi durante l'analisi di chi sta di fronte.

In questo paragrafo, come avrai capito leggendo il titolo, il focus sarà incentrato sulla distanza prossemica.

In gergo tecnico, la distanza prossemica è la distanza che si crea tra una persona e l'altra durante un dialogo.

Anche in questo caso, è praticamente impossibile analizzando solamente la distanza prossemica capire l'ampia gamma di emozioni e sensazioni che prova chi ti sta di fronte.

Tuttavia, questo è un fattore importantissimo nell'analisi delle persone, in quanto consente di capire velocemente e con molta facilità l'interesse o il disinteresse dei propri interlocutori.

Il ragionamento da fare in questo caso è abbastanza semplice.

È necessario come prima cosa impostare una sorta di distanza standard, ovvero una distanza che una persona sceglie di tenere durante un dialogo con il proprio interlocutore quando ha una reazione neutra nei confronti di un discorso, quando non mostra né particolare interesse o particolare disinteresse.

Per convenzione, alla luce di diversi studi sull'argomento, questa distanza viene solitamente fissata attorno ai 70cm.

Tuttavia, è decisamente consigliabile prima di procedere con l'analisi osservare quale sia la distanza prossemica media che il proprio interlocutore assume in posizione neutra.

Se hai prestato attenzione ai capitoli precedenti, puoi trovare facilmente un punto in comune tra quanto detto in queste righe e la lista dei consigli di Joe Navarro, l'ex Agente Speciale dell'FBI ora divulgatore e scrittore.

I segnali universali sono sicuramente molto importanti, ma anche quelli non universali, peculiari di ciascun individuo, sono altrettanto, se non ancor di più, importanti nell'analisi delle persone.

Questa distanza può variare anche di parecchio da persona a persona, ma per chiarezza espositiva nelle seguenti righe prenderemo per buona la distanza prossemica standard di 70cm.

Essenzialmente, nell'analisi della distanza prossemica le alternative sono tre.

La prima, come abbiamo già visto, corrisponde al caso in cui la distanza prossemica sia proprio di circa 70cm.

In questi casi indica un grado di interesse neutro verso quella determinata discussione e il suo argomento.

Se invece la distanza prossemica aumenta e supera magari anche abbondantemente i 70cm standard, allora molto probabilmente il tuo interlocutore non è molto interessato alle tue parole.

Al contrario, una distanza prossemica minore di 70cm è facilmente interpretabile come un segnale di interesse: in questi casi hai attirato l'attenzione di chi ti sta di fronte, continua quindi con la linea che stai seguendo.

Ovviamente, queste distanze possono essere lette anche come dei segnali per altri significati, ma sempre inerenti a questo campo.

Ad esempio, se la distanza tra te e il tuo interlocutore è minore di 70cm, molto probabilmente stai simpatico a chi ti sta di fronte, al contrario, nel caso fosse maggiore della misura standard, può essere probabile che tra di voi non scorra buon sangue.

Piccolo *post scriptum* prima di procedere.

Per fare correttamente le valutazioni che hai letto in questo capitolo, devi assicurarti che sia il tuo interlocutore ad aver scelto la distanza da mantenere.

La distanza prossemica rimane un fattore importante da tenere in considerazione anche se l'hai scelta tu, ma questo è un argomento che vedremo tra poco.

9.2 Il contatto fisico

Indissolubilmente legato al discorso della distanza prossemica è quello riguardante il contatto fisico.

Potremmo infatti vedere addirittura il contatto fisico come una sorta di distanza prossemica uguale a zero.

Con "contatto fisico" ovviamente non voglio intendere plateali gesti d'affetto come un abbraccio o convenevoli come una semplice stretta di mano quando incontri una persona per la prima volta.

In questo caso mi riferisco invece a tutti quei contatti, fortuiti o meno, che possono avvenire durante una normalissima conversazione.

Ad esempio, rientrano in questa categoria lo sfiorarsi inavvertitamente con le mani, il contatto anche fortuito quando si è seduti fianco a fianco, oppure addirittura dei contatti che nascono con una scusa banale e inventata, come ad esempio il toccare una nuova maglietta che il proprio interlocutore sta indossando per testarne il materiale.

Tenendo a mente che abbiamo detto che potremmo per certi versi vedere il contatto fisico come una sorta di distanza prossemica uguale a zero, il discorso è molto chiaro e facile da spiegare.

Se il tuo interlocutore cerca più o meno consciamente di instaurare un contatto fisico con te, allora vuol dire che nutre sentimenti positivi nei tuoi confronti.

Nessuna persona, infatti, creerebbe un contatto fisico, per quanto neutro, freddo o fortuito, con qualcuno che non apprezza.

Anche in questo caso, prima di passare oltre, vorrei fare un paio di appunti.

Il primo è molto interessante e fa di questo segnale un caso unico tra quelli che abbiamo analizzato.

Nei capitoli precedenti, infatti, abbiamo visto come molto spesso se un segnale viene emesso volontariamente è molto probabile che il soggetto stia cercando di trarre in inganno chi gli sta di fronte.

In questo caso invece è molto meno probabile, in quanto il contatto fisico è un fattore molto intimo e sono veramente poche le persone disposte a barattare la propria intimità per l'inganno.

Il secondo appunto vuole seguire un qualcosa che abbiamo detto anche a riguardo della distanza prossemica.

Il contatto fisico è un fattore molto personale e non è quindi detto che una persona riesca con la stessa facilità di un'altra ad instaurarlo o ad accettarlo.

Vi sono infatti soggetti propensi al contatto fisico, ma ce ne sono altrettanti che non lo apprezzano se non in situazioni di vera intimità.

Come si diceva anche a proposito della distanza prossemica seguendo i consigli di Joe Navarro, prima di analizzare il tuo interlocutore cerca di conoscerlo, al fine di capire i suoi atteggiamenti, le sue abitudini e i segnali non universali che caratterizzano la sua comunicazione non verbale.

9.3 La prova del nove

Dato che più volte hai letto nel corso del libro quanto sia importante cercare conferme e smentite alle proprie teorie, voglio ora, come ti ho già anticipato nella prima parte di questo capitolo, consigliarti una strategia che ti aiuterà a cercare conferme e a capire meglio chi ti sta di fronte.

Una sorta di prova del nove che ho scelto di inserire in questo capitolo proprio perché utilizza i concetti che abbiamo visto riguardanti la distanza prossemica e il contatto fisico.

Senza le nozioni che hai imparato nei paragrafi immediatamente precedenti ti sarebbe quindi stato impossibile comprendere a pieno quanto sto per spiegarti.

Ora, alla luce delle tue nuove conoscenze, comprendere quanto segue sarà per te un gioco da ragazzi.

Mettiamo caso che stai parlando con una persona e hai intravisto nei suoi comportamenti un segnale di interesse, la distanza tra di voi però è neutra e non vi è stato nessun contatto fisico in precedenza, nemmeno fortuito, o al massimo giusto una stretta di mano quando vi siete incontrati.

Ecco, a questo punto, per cercare una conferma di quel segnale di interesse, prova ad avvicinarti di poco.

Valuta quindi la reazione della persona che ti sta davanti.

Ha accettato la nuova distanza prossemica?

Ha fatto un passo indietro?

Nel caso avesse accettato questa nuova condizione, potresti provare a fare un nuovo passo, riducendo ulteriormente la distanza.

Nel caso i segnali siano sempre positivi, allora puoi molto delicatamente creare un contatto fisico all'apparenza fortuito, magari a seguito di un gesticolare un po' troppo accentuato con le mani.

Se la persona che stai testando non si scosta, puoi provare a spingerti ancora più in là, magari posizionando una tua mano sulla sua spalla per qualche secondo.

Ovviamente questo gesto deve essere ben contestualizzato, se no sembrerà per forza di cose troppo strano ed eccessivamente invasivo.

Se continui a ricevere segnali positivi anche in questo caso, con il tuo interlocutore che accetta la mano sulla spalla o che magari addirittura successivamente instaura anch'egli un lieve contatto fisico, vuol dire che sei a cavallo: hai conquistato tutta l'attenzione e l'approvazione della persona che ti sta di fronte.

Visto che tra i consigli di Joe Navarro vi era anche il non farsi notare nelle proprie strategie, ne approfitto per sottolineare nuovamente il fatto che questa sorta di prova del nove deve essere portata avanti con discrezione, lentamente e ogni gesto deve essere contestualizzato.

Cerca quindi di trovare un motivo o una giustificazione razionale ad ogni tuo movimento, in modo che questo appaia più accettabile agli occhi del tuo interlocutore.

Ora non ti resta che mettere in pratica ciò che hai imparato in questo capitolo e vedere nella pratica quanto l'analisi della distanza prossemica e del contatto fisico possa rivelarsi importante nella comunicazione non verbale.

10. Utilizzare nella pratica la comunicazione non verbale in maniera strategica

10.1 L'importanza di capire il tuo interlocutore

Giunti al capitolo conclusivo di questo libro, cerchiamo di tirare le somme di quanto detto finora, analizzando come tutti i concetti espressi all'interno del testo possano essere utilizzati nella vita di tutti i giorni.

Sicuramente il modo più comune per utilizzare le tecniche di analisi della comunicazione non verbale corrisponde all'analisi stessa del proprio interlocutore.

Questo è anche il motivo primario che spinge molte persone ad iniziare a studiare tutte le tecniche e le nozioni che hai imparato in questo libro.

Chiunque infatti, dall'Agente Speciale dell'FBI al panettiere sotto casa, cova il desiderio, più o meno espresso, di saper capire meglio chi gli sta di fronte.

Ma la questione non è così elementare.

Infatti, già la sola analisi dell'interlocutore può assumere declinazioni diversi ed essere utile a più scopi nella vita di tutti i giorni.

Il primo punto, quello più plateale, consiste nel cercare di comprendere se il proprio interlocutore stia mentendo.

Semplicemente, come hai avuto l'occasione di leggere nel corso dei vari capitoli del libro, ci sono vari segnali universali e non che fanno emergere immediatamente il fatto che il proprio interlocutore non sia sincero al cento percento con le sue parole.

In molte occasioni pratiche, questo è un punto importantissimo da tenere in considerazione durante l'analisi del linguaggio non verbale.

Infatti, saper riconoscere se chi ti sta parlando stia mentendo o meno ti darà un vantaggio strategico immenso durante tutta la conversazione.

Nel caso rilevassi più segnali di falso, i quali indicano innegabilmente una menzogna, riuscirai a prendere le redini della situazione, senza farti sopraffare dalle parole non sincere di chi ti sta di fronte.

Ovviamente, il consiglio che voglio nuovamente darti, anche se l'ho già fatto più e più volte durante tutto il corso del libro, è quello di cercare sempre ulteriori segnali sia per confermare che per smentire le tue ipotesi.

Posso garantirti che questo consiglio è particolarmente prezioso in questo contesto, in quanto il comportamento da assumere nel caso il tuo interlocutore ti stia mentendo è completamente diverso rispetto ad un normale comportamento che solitamente si assume durante una comune conversazione.

Di conseguenza, credere di essere davanti ad un bugiardo quando in realtà non è così avrà l'effetto esattamente contrario rispetto a quanto stai ricercando.

Infatti, invece di essere in una posizione di superiorità strategica nella conversazione, sarai in una posizione di debolezza, in quanto, nel migliore dei casi, il tuo comportamento sarà percepito come fuori luogo, ma nel peggiore dei casi il tuo interlocutore potrebbe accorgersi della tua diffidenza e innervosirsi, fatto che farebbe precipitare la conversazione in un baratro sicuramente indesiderato.

Insomma, prima di prendere le distanze dal tuo interlocutore, cerca di essere sicuro al cento percento delle tue ipotesi.

Oltre al discorso riguardante le menzogne, le tecniche di analisi della comunicazione non verbale sono estremamente utili anche al fine di comprendere le reali emozioni del proprio interlocutore e le sue idee riguardanti l'argomento della discussione che state avendo.

Anche questo è un punto fondamentale in un qualsiasi dialogo o conversazione.

Essere in grado di capire con velocità le sensazioni di chi ti sta di fronte ti permetterà di plasmare la tua comunicazione e le tue parole in funzione dei segnali che cogli analizzando le reazioni del tuo interlocutore durante un discorso.

Prova ad esempio a pensare ad una normale trattativa di vendita.

Mettiamo caso che tu sia un venditore e che abbia di fronte una persona realmente interessata ad acquistare un tuo servizio.

Hai due proposte da fare a questa persona.

Analizzando i segnali che emette tramite il linguaggio non verbale, grazie alle tecniche che hai imparato nella lettura di questo libro, riuscirai a capire quale delle due proposte sia percepita come maggiormente interessante da chi ti sta di fronte, il che ti darà di conseguenza l'opportunità di capire su quale offerta spingere maggiormente durante il processo di vendita.

Capire i segnali di falso indicanti una menzogna, comprendere quali comportamenti siano sinonimo di astio o quali indichino che il proprio interlocutore sia bendisposto nei confronti di un certo argomento, sono i motivi principali per cui le persone si avvicinano all'analisi della comunicazione non verbale.

Tuttavia, l'analisi del prossimo non è l'unico motivo per imparare le tecniche spiegate in questo libro.

10.2 Conoscere le tecniche di analisi del linguaggio non verbale per migliorare la propria comunicazione

C'è un altro grande motivo per cui tutto ciò che hai imparato in questo libro ti tornerà sicuramente utilissimo nella vita di tutti i giorni.

Una volta apprese tutte le tecniche per analizzare i propri interlocutori e una volta che hai imparato ad utilizzarle con agilità nella vita di tutti i giorni, potrai utilizzarle anche per migliorare la tua stessa comunicazione.

Nel caso ad esempio tu volessi comunicare il tuo astio nei confronti di un certo argomento, ma per qualche ragione non potessi esprimerlo a parole, magari anche per il semplice fatto che non vuoi essere scortese, potresti volontariamente emettere dei segnali per comunicare ciò che realmente provi.

Nel caso il tuo interlocutore conoscesse le tecniche di analisi della comunicazione non verbale, rileverà subito il tuo astio senza bisogno che questo venga espresso a parole, ma anche nel caso in cui chi ti sta di fronte non conosce queste tecniche di analisi ti assicuro che, magari più lentamente, riuscirà a capire comunque, in modo più o meno inconscio, ciò che stai cercando di comunicargli.

Prima di concludere definitivamente questo libro, vorrei fare un appunto sul limite del filosofico, sperando di non annoiarti eccessivamente.

Le tecniche di analisi della comunicazione non verbale possono tornare utili anche se usate su se stessi.

Abbiamo visto come nella maggior parte dei casi i segnali vengano emessi in modo completamente inconscio.

Le persone quindi molto spesso non sanno nemmeno di star emettendo dei segnali a livello non verbale e alcune volte non sanno nemmeno cosa stanno provando realmente, eppure lo stanno comunque comunicando!

Ecco che allora conoscere le tecniche di analisi della comunicazione non verbale può tornare utile non solo per analizzare il prossimo, ma anche per analizzare se stessi.

Ti assicuro che ti stupirai comprendendo quanti segnali emetti senza nemmeno accorgertene e, dopo un buon periodo in cui ci presterai attenzione, riuscirai a conoscerti meglio, raggiungendo una migliore consapevolezza dei tuoi lati più inconsci.

Infine, voglio ricordarti anche quanto abbiamo detto in precedenza sui metodi di selezione e sull'addestramento che devono affrontare coloro che voglio diventare Agenti Speciali dell'FBI.

Dopo un attentissimo processo di selezione per entrare in accademia, il periodo di addestramento è lungo e faticoso.

Un Agente Speciale dell'FBI ci mette anni per padroneggiare al meglio le tecniche di analisi della comunicazione non verbale e anche dopo il lungo addestramento sa che ci sarà sempre qualcosa di nuovo da imparare.

D'altronde ne va della sua vita e della sicurezza degli interi Stati Uniti d'America.

Molto probabilmente il tuo campo di applicazione delle tecniche che hai letto in precedenza è molto più ristretto, ma il consiglio è sempre lo stesso: studia e metti in pratica ciò che impari.

Solo così riuscirai a padroneggiare alla perfezione le tecniche per analizzare le persone.

PNL

*Come farti dire di sì senza alcuna resistenza in modo
scientifico e prevedibile attraverso le più moderne
tecniche di manipolazione mentale*

Di

Edoardo Beltrame

Indice

Storia della PNL

È possibile ottenere grandi risultati in breve tempo?

Questo è quello che si chiesero negli anni 70' tre ricercatori americani: **John Grinder**, **Frank Pucelik**, **Richard Bandler**.

I due studiosi che iniziarono i lavori di ricerca furono Richard Bandler e Frank Pucelik, in un secondo momento si aggregò a loro John Grinder.

I risultati che ottennero dalle loro ricerche non solo furono sorprendenti ma permisero a molte persone di cambiare la loro attitudine di vita.

Iniziarono questa ricerca nel momento in cui si accorsero che alcuni uomini riuscivano a raggiungere in pochissimo tempo risultati eccezionali, fuori dalla media.

Se ti sei mai chiesto come fanno alcune persone ad ottenere grandi risultati in breve tempo, in questo libro troverai una soluzione che ti potrà inspirare.

Dopo aver letto questo libro spero che cambierà qualcosa dentro di te.

Il mio obiettivo è quello di farti realizzare dei cambiamenti positivi che possano portare dei grandi benefici sia nella tua vita che nel tuo lavoro.

Non ti fornirò delle formule magiche ma un metodo che è stato testato e applicato nel tempo da milioni di persone in tutto il mondo che hanno raggiunto grandissimi risultati.

Non voglio dirti che al termine della lettura di questo libro automaticamente la tua vita sarà cambiata per sempre. Voglio che però questo sia un punto di partenza per creare qualcosa di positivo.

Ti chiedo di non avere fretta e leggere tutte le informazioni immediatamente, questo libro è un piccolo manuale che puoi consultare ogni volta che ne avrai bisogno.

Quello che stai per affrontare è un vero e proprio piccolo percorso formativo. Ho inserito all'interno di questo libro diverse tecniche che potranno essere molto utili per te.

L'inizio della PNL

Richard Bendler scelse come indirizzo di studi psicologia, si iscrisse all'università della California a 20 anni nel 1970, fin da subito collaborò con Frank Pucelik.

In seguito John Grinder che a 20 anni era già un professore associato di linguistica dell'università si unì alle loro ricerche.

Probabilmente John Grinder era il professore universitario più giovane degli Stati Uniti in quel momento.

La loro ricerca si focalizzò sullo **studio dei comportamenti** di Virginia Satir, la madre della terapia famigliare e di Fritz Perls, fondatore della Gestalt Therapy.

Queste due persone durante la loro vita avevano raggiunto grandissimi risultati, quindi il gruppo di ricerca voleva scovare tutte le analogie comportamentali e di lavoro tra i due.

Iniziarono quindi a prendere una grande mole di appunti e pian piano il gruppo di ricerca crebbe di dimensioni.

Si unirono infatti al gruppo di lavoro anche diversi amici (poi diventati famosi per le loro ricerche) come: **Robert Dilts, Judith DeLozier, Leslie Cameron, David Gordon**.

Dalle ricerche in questi anni sono nate delle metodologie che ancora oggi moltissime persone nel mondo applicano quotidianamente per ottenere dei benefici ed essere più produttive.

Alcune di queste metodologie sono:

- **Ancoraggio**
- **Acuità sensoriale e calibrazione**
- **Sistemi di rappresentazione**
- **Tecniche di cambiamento personale**

Da queste ricerche nacque quella che oggi è conosciuta come: **Programmazione Neuro Linguistica** o più semplicemente PNL.

La PNL è lo **studio della struttura dell'esperienza soggettiva**.

Bendler e Grinder in quegli anni osservarono persone di successo in ogni ambito ed analizzarono i loro comportamenti e la loro attitudine di vita.

Non osservavano semplicemente il lato esterno, cioè le loro azioni ma erano interessati anche e soprattutto al loro lato interno.

Volevano capire come queste persone pensavano, che atteggiamento avevano durante la loro vita, cosa le differenziasse dalle altre persone.

Ottennero molte risposte e le loro ricerche ancora oggi sono studiate in tutto il mondo.

La PNL prende in considerazione tutti i sensi dell'essere umano, quindi si analizzano gli elementi visivi, corporei, emozionali, auditivi e cinestetici.

Questi ricercatori credevano che tutta l'esperienza umana è codificabile linguisticamente e proprio per queste ragioni poteva essere trasmessa ad altri uomini.

Quindi dopo aver analizzato queste persone di successo crearono delle sequenze concrete e precise secondo cui chiunque avrebbe potuto replicare gli stessi risultati.

I primi volumi furono intitolati "La struttura della magia 1" e "La struttura della Magia 2".

Si reputavano infatti dei maghi capaci di apprendere qualsiasi abilità una volta venuti a conoscenza della struttura invisibile.

Applicazioni della PNL

Questa metodologia di successo nel corso degli anni e grazie ad una moltitudine di studi è stata applicata in diversi ambiti come ad esempio:

- **La manipolazione mentale**
- **La persuasione**
- **Nella vendita**
- **Nelle relazioni umane**

Molte persone credono che per eccellere in un ambito devi fare qualcosa di diverso dagli altri o devi cambiare il tuo atteggiamento in modo tale da essere inimitabile.

Beh, ti spiego… In realtà non è così.

Devi sapere che tutte le persone che hanno raggiunto grandi risultati durante la loro vita hanno assunto un atteggiamento comportamentale ed una metodologia di lavoro simile.

In realtà basterebbe copiare gli atteggiamenti di una persona di successo per raggiungere risultati uguali o simili nello stesso ambito.

Questo non significa che non dovrai formarti e che ti basterà comportarti nello stesso modo.

Ti potrai semplicemente inspirare ai loro comportamenti per eccellere anche tu nel tuo ambito.

Ecco perché molte volte è fondamentale avere una **fonte di inspirazione**, qualcuno che ha fatto la differenza nella sua vita.

Se hai una buona guida e credi fortemente in lei potrai migliorare di molto i tuoi benefici.

Quello che differenzia le persone è principalmente il loro atteggiamento mentale.

Attenzione…

Non parlo di intelligenza ma di **Atteggiamento Mentale**.

Ci sono persone che non riescono a raggiungere alcun obiettivo, che sono subissate da emozioni negative.

Queste persone probabilmente vivono la loro vita passivamente perché credono di non essere in grado di cambiarla.

In realtà tutti potremmo ottenere dei benefici se solo lo volessimo realmente.

Per queste ragioni in questo libro ti spiegherò come fare.

Molte persone nel mondo hanno ottenuto grandissimi risultati nel momento in cui sono riusciti a cambiare il loro pensiero.

Solo con il giusto approccio alla vita potrai vivere serenamente e raggiungere sensazioni positive.

Non puoi avere successo nel lavoro, nel persuadere le altre persone, nel vendere un prodotto se hai un atteggiamento mentale negativo.

In questo libro ti spiegherò come grazie alla PNL sono riuscito a cambiare la mia vita in breve tempo.

È ora di cambiare qualcosa, è ora di uscire dalla ruota del criceto, se vuoi cambiare la solita routine e dare una vera svolta alla tua vita è arrivato il momento di farlo.

Essere persuasivo non solo ti permetterà di migliorare le tue relazioni con le altre persone che ti circondano ma anche di ottenere grandi risultati lavorativi.

La tua vita è destinata a cambiare se realmente lo vuoi.

Il funzionamento della mente

Per ottenere dei risultati eccellenti nella tua vita e per essere più persuasivo nei confronti degli altri e riuscire a manipolare il pensiero altrui hai bisogno di comprendere come funziona la tua mente.

Fino al 1900 si credeva che la mente fosse un unico blocco e che all'interno non ci fosse alcuna distinzione.

Nei primi anni del 900' lo psicoanalista **Sigmund Freud** cambiò drasticamente questa visione.

Le sue teorie sconvolsero gli uomini in quegli anni e tutt'ora sono ancora molto dibattute.

È necessario comprendere la visione di Sigmund Freud della nostra mente perché questa rappresenta uno dei pilastri su cui si basa la PNL.

Se molte volte ti sei trovato in situazioni in cui non capivi perché ti comportavi in un determinato modo oppure in cui la tua parte razionale ti diceva di fare qualcosa e quella irrazionale un'altra, questo capitolo ti aprirà gli occhi.

Freud credeva che la mente dell'uomo si dividesse in **3 sezioni**:

- <u>**Il preconscio**</u>
- <u>**Il conscio**</u>
- <u>**Il sub-conscio**</u>

Il **preconscio** rappresenta tutte le sensazioni che puoi percepire all'esterno attraverso i tuoi sensi. Fanno parte anche di questa parte della mente i **sogni e i ricordi**.

La **parte conscia** invece è formata dai **pensieri, sensazioni**, di cui sei consapevole in un momento specifico.

Questa è la parte della mente che ti permette di elaborare i tuoi pensieri e di parlare con razionalità. Nella parte conscia è presente anche la **memoria**.

La **parte inconscia** invece è quella più nascosta, che viene fuori difficilmente. È formata principalmente da un insieme di **impulsi, sentimenti**, sensazioni che vanno al di là della tua consapevolezza cosciente.

Nell'inconscio ci sono anche delle sensazioni che tendi a nascondere perché sono per te inaccettabili o di cui comunque te ne vergogni come ad esempio desideri immorali o desideri sessuali repressi.

L'iceberg di Freud

Freud per spiegare meglio questa distinzione paragonò la mente dell'uomo ad un iceberg.

Quando sei in mare aperto anche un iceberg di piccole dimensioni se ti scontrassi con esso potrebbe essere fatale.

Questo accade perché la parte più visibile dell'iceberg è la parte conscia che è anche la parte più piccola. Al di sotto del livello dell'acqua infatti si nasconde la parte più grande dell'iceberg.

La maggior parte della superficie dell'iceberg è occupata dall'inconscio.

L'inconscio è la parte più nascosta tuttavia è possibile lavorarci su di esso anche se è più difficile a causa dei sentimenti repressivi che spesso impediscono di cambiare in meglio la vita.

Di questo se ne occupano in genere gli psicoterapeuti ed anche gli psicologi.

Ti ho spiegato tutto questo per farti capire che nel momento in cui interagisci con una persona non devi badare solo ed esclusivamente alla parte conscia ma anche e soprattutto alla parte inconscia.

La parte inconscia a volte si mostra nella realtà attraverso il **linguaggio del corpo**. Ti sarà capitato sicuramente di vedere un uomo che dice qualcosa ma con i suoi movimenti dice tutt'altro.

Ti faccio un esempio…

Molte persone durante un colloquio di lavoro dicono di essere "tranquille" ma nello stesso momento sudano e le loro mani tremano. Non riescono a gestire il loro linguaggio del corpo.

Quando la parte inconscia emerge è dirompente, quindi non è controllabile dall'uomo. Ecco perché diventa necessario per migliorare analizzare la propria parte inconscia e lavorare sui "perché".

Nel prossimo capitolo quando ti parlerò dei **paradigmi mentali** ti spiegherò come fare. Come ti ho detto ognuno può lavorare sulle proprie paure, sulle proprie sensazioni represse per migliorare ed avere un linguaggio più efficace.

Come puoi vendere un prodotto o un servizio se non riesci a percepire le sensazioni che provengono da chi ti è di fronte?

Molte volte i venditori non riescono a concludere delle vendite anche se credono fino all'ultimo momento che tutto sta andando per il verso giusto. Perché accade questo?

Anche di questo te ne parlerò nei prossimi capitoli…

Ora quello che devi fare è imparare alla perfezione questi concetti perché saranno la base per tutto quello di cui ti parlerò.

Devi avere chiaro in mente quanto è importante l'inconscio e quanta influenza può avere sulle azioni.

Spesso si usa la terminologia di *"lapsus Freudiano"*, quando ci confondiamo nel dire qualcosa.

In queste occasioni accade che la mente inconscia emerge e ci fa fare cose legate al nostro passato o comunque a emozioni che vogliamo reprimere o rimuovere.

Questo è il caso in cui si chiama la propria fidanzata con il nome della ex. Molti possono credere che è un semplice errore, Freud credeva invece fortemente che questo derivasse dall'improvvisa intrusione della mente inconscia.

Prima prenderai consapevolezza delle tue paure più profonde che ti generano ogni giorno ansia e stress e prima raggiungerai i risultati che hai sempre voluto.

Una volta che avrai compreso il linguaggio del corpo ed il modo di comunicare dell'altra persona con la PNL avrai l'opportunità di instaurare un rapporto.

Il rapporto con un'altra persona si crea nel momento in cui quest'ultima abbassa la guardia ed inizia a pensare che sei come lei.

Le tecniche di PNL ti permetteranno di fare attenzione ai segnali sociali che l'altra persona ti manda e potrai prendere il controllo della situazione. Per comprendere questi segnali dovrai cercare di interpretare i messaggi che derivano dalla mente inconscia.

Una frase di **Gustav Jung**, filosofo del 1900 mi ha colpito molto e mi ha fatto accendere una lampadina nel cervello:

"Rendi cosciente l'inconscio, altrimenti sarà l'inconscio a guidare la tua vita e tu lo chiamerai destino."

Dal momento in cui ho reso cosciente la mia parte inconscia la mia vita è drasticamente cambiata. Per queste ragione voglio condividere con te queste informazioni e metterti in condizione di fare uno swift mentale e fisico nella tua vita.

Paradigmi di pensiero

Ti sei mai chiesto perché ci sono persone che riescono ad ottenere grandi risultati mentre altre fanno molta più fatica e probabilmente non arriveranno mai al loro livello?

Molti credono che alcune persone abbiano un talento innato, un qualcosa che permetta loro di ottenere risultati migliori.

In realtà questo pensiero non è del tutto sbagliato, la differenza tra chi non ottiene risultati e chi invece li ottiene è **l'atteggiamento mentale**.

Spesso e volentieri i più grandi limiti che l'uomo incontra non provengono dall'esterno ma dall'interno. Sei tu a crearteli.

È importante capire questo concetto perché superando questi limiti che la nostra mente crea nel nostro inconscio, possiamo migliorare i nostri risultati in ogni ambito della nostra vita.

Ti faccio un esempio…

Giovanni è un venditore ma crede fortemente che chiudere più di 5 contratti al mese non sia possibile.

Secondo te quali saranno i risultati che potrà ottenere Giovanni?

Sicuramente non riuscirà mai a chiudere più di 5 contratti al mese perché ha una mentalità e di conseguenza una serie di abitudini che non gli permettono di raggiungere quel risultato.

Bob Proctor descrive i limiti della mente umana con il nome di **"paradigmi"**.

I paradigmi mentali causano i risultati e se quest'ultimi non sono quelli che vuoi, se non capisci che quei risultati derivano dai tuoi paradigmi, non potrai mai cambiarli.

La maggior parte delle persone passa gran parte della sua vita senza cambiare mai i risultati e non riuscendo a trovare una soluzione o un qualcosa che permetta di migliorare.

Il segreto è che…

Se vuoi cambiare i risultati devi cambiare te stesso.

Quello che devi cambiare è il tuo condizionamento sub-conscio.

Secondo Bob Proctor il paradigma non è altro che una serie di abitudini programmate nella mente sub-conscia che controllano il comportamento.

Il tuo comportamento causa i tuoi risultati.

Quindi devi capire che…

Se vuoi cambiare i tuoi risultati non guardare fuori da te stesso.

Non cercare delle scusanti, non dare responsabilità agli altri se non riesci a raggiungere un **TUO** obiettivo; non è colpa del tuo capo, dell'economia, non è nessuna di queste cose.

Come cambiare i paradigmi mentali

Adesso ti starai chiedendo: "come faccio allora a cambiare i miei paradigmi?"

La prima cosa che dovrai fare è **pensare al risultato** con cui lo vuoi cambiare.

Se tu ad esempio poltrisci tutto il giorno e vuoi cambiare questo tuo stile di vita, la prima cosa che dovrai fare è capire cosa ti porta a trascorrere la giornata in quel modo.

È il tuo sub-conscio che è programmato con quell'idea sbagliata.

Per cambiare il risultato che vuoi ottenere ti consiglio di scrivere su un foglio il risultato negativo che stai ottenendo in un determinato momento.

Ad esempio: "poltrisco tutto il giorno e non faccio attività sportiva, trascorro la maggior parte della mia giornata sul divano".

Adesso chiediti…

Quali sono le azioni che potresti intraprendere che sono all'opposto di queste?

Scrivi al presente, come un'affermazione: "sono così felice e grato che quando mi sveglio faccio attività sportiva e mi muovo spesso", tutto qui.

Lo dovrai ripetere molte volte al giorno.

So che adesso starai pensando che è una cavolata o che non avrai alcun risultato, però ti consiglio di ripetere questa frase affermativa positiva almeno 100 volte al giorno per circa 30 giorni.

Ti garantisco che inizierai a cambiare realmente il tuo stile di vita e ti muoverai molto di più.

Sai perché avviene tutto questo?

Perché **hai programmato una nuova idea** nella tua mente che prende il sopravvento, la vecchia idea muore invece per mancanza di nutrimento. La vecchia idea era semplicemente un'abitudine.

In questo modo avrai programmato un'abitudine che andrà a sostituire quella vecchia.

Mentre pensi a questa frase affermativa mentalmente immagina la scena. Se funziona in questo caso, funziona in qualsiasi altro ambito.

Anche nelle vendite potresti usare questo metodo e cambiare i tuoi paradigmi.

Potresti pensare…

"Sono felice e grato ora che contratto con clienti prima delle 9 proponendo loro di acquistare."

La condizione in cui ti trovavi prima nella situazione in cui poltrivi sul divano o ti alzavi in tarda mattinata era…

"Non sono affatto davanti ai clienti, ho paura di chiudere la vendita."

Capisci quindi che cambiare l'idea che è fissata nella tua mente diventa un passaggio fondamentale che non puoi evitare?

Ti svelo un segreto…

La **ripetizione** è la **prima legge dell'apprendimento**.

Provi una semplice cosa che funziona come magia pura, anche se ovviamente non lo è.

Solo con la ripetizione puoi instaurare una nuova abitudine, di questo te ne parlerò nei prossimi capitoli.

Per persuadere, manipolare e vendere molto di più devi apprendere prima questi concetti. Se hai una mente con molti limiti potrai imparare qualsiasi nozione, potrai studiare qualsiasi metodo ma non raggiungerai mai i risultati che realmente vuoi.

Spesso ci sono persone che sono molto formate, hanno tutte le carte in regola per avere successo ma non lo raggiungono.

Ci sono altre persone invece che hanno un asset mentale così solido, hanno un dialogo molto più aperto con la loro parte inconscia che riesco a lavorare meglio ed ottenere maggiori risultati.

Ti sarà di certo capitato almeno una volta nella vita di vedere un venditore che comunicasse in modo magnetico, che ti avrebbe potuto vendere qualsiasi cosa.

In genere quelle persone non sono semplicemente dei bravi comunicatori ma hanno la loro parte conscia e inconscia in linea e quindi hanno un impatto molto più forte sulla tua attenzione.

Dopo aver letto questo capitolo, ti consiglio di fare un esercizio.

Ti prego…

Non andare avanti nella lettura del libro senza praticare gli esercizi che ti suggerisco. Io voglio che tu ottenga risultati ed inizi a dare una svolta alla tua vita.

L'esercizio che ti chiedo di fare è quello di iniziare a pensare ad un tuo limite mentale e applicare i consigli che ti ho dato in questo capitolo.

Bob Proctor esperto formatore nel corso della sua vita con questi metodi ed altri ha cambiato la vita a milioni di persone.

Io ho appreso queste nozioni, le ho applicate ne ho beneficiato ed ora credo che sia giusto diffonderle anche ad altre persone come te che hai creduto in me acquistando questo libro.

"Solo quelli che rischiano di spingersi troppo lontano possono eventualmente scoprire quanto lontano si possa andare." - Thomas Stearns Eliot

Come ci comportiamo? I meta-programmi

L'uomo spesso e volentieri adotta alcuni comportamenti che sono inconsci. Ti sei mai chiesto perché per compiere l'azione della respirazione non hai bisogno di pensare?

Scommetto che questa mattina quando ti sei allacciato le scarpe non hai pensato come fare.

Perché accade tutto questo?

Semplicemente perché durante la nostra vita abbiamo completato così tante volte con successo delle azioni che adesso le diamo per scontate ed avvengono inconsciamente.

Questi processi inconsci come puoi immaginare hanno degli effetti sulla nostra vita. Anche **le decisioni** che prendi **sono influenzate dal tuo lato inconscio.**

Molte volte agisci senza sapere quale sia la cosa effettivamente giusta ma semplicemente ti fidi delle tue sensazioni. Le decisioni sono molto importanti perché da queste scaturiscono le azioni che influenzano infine il destino.

Potrebbe quindi essere molto utile comprendere quali sono i programmi presenti nel tuo inconscio che ti fanno compiere determinate azioni piuttosto che altre, non credi?

Questa domanda se la poneva anche **Carl Gustav Jung**[1] che arrivò alla conclusione che gli umani sono abituati a **categorizzare** ogni azione. Fu lui per la prima volta ad usare la terminologia "**meta-programmi**" cioè degli schemi comportamentali che l'uomo utilizza per interagire con il mondo.

Il suo libro "Tipi Psicologici" scritto nel 1921 è diventato uno dei punti cardine di questa teoria.

---

[1]Carl Gustav Jung è stato uno psichiatra, psicoanalista, antropologo, filosofo e accademico svizzero, una delle principali figure intellettuali del pensiero psicologico e psicoanalitico.

Prova adesso ad immaginare quanto potrebbe essere utile capire in anticipo quale meta-programma utilizza la persona con cui interloquisci e quindi agire di conseguenza.

Se riuscissi a capire che una persona ha un determinato schema comportamentale inconscio infatti potresti relazionarti con lui al meglio. Capiresti in questo modo prima le sue esigenze più profonde e cosa cerca negli altri.

Tipologie di meta-programmi

Esistono diverse tipologie di meta-programmi tuttavia ti descriverò solo quelle principali che riguardano la maggior parte delle persone.

Ti svelo un segreto…

Per essere un buon manipolatore mentale ed un ottimo venditore devi riuscire a capire quali sono gli schemi comportamentali che in quel momento sta adottando l'altra persona con cui stai comunicando. In questo modo concluderai a tuo vantaggio il confronto.

Io ho applicato e visto applicare queste metodologie da molti venditori, ti posso assicurare che i risultati che ottengono sono molto superiori alla media.

L'uomo ha bisogno di trovare qualcuno con cui parlare, qualcuno che possa capire le sue esigenze, tu puoi essere la persona giusta se inizi a lavorare prima su te stesso e poi nel relazionarti con gli altri.

Tutti comunicano, tutti provano a vendere qualcosa ma solo in pochi sono in grado di convincere ed entrare in sintonia con l'altro.

Uno dei meta-programmi più diffuso è il "**<u>verso/via da</u>**".

Se ci pensi in genere le scelte che compi sono spinte da un comportamento interno che ti spinge **VERSO** qualcosa che ti piace, che vorresti fare o che ti allontana **VIA DA** qualcosa che temi o che comunque non apprezzi.

Immagina il momento in cui vai a fare un acquisto, ti comporti sempre in uno dei due modi.

Ti faccio un esempio…

Immagina di andare al mercato del pesce ed acquistare un'orata perché è il tuo pesce preferito e non vedi l'ora di mangiarla con un po' di limone. In questo caso vai VERSO qualcosa che ti provoca un piacere.

Potresti acquistare anche l'orata perché non vuoi mangiare ogni giorno carne perché fa male alla tua salute. Questo è il caso in cui vai VIA DA un problema, da qualcosa che non ti piace.

Non puoi sottovalutare i meta-programmi perché in relazione ad essi la tua comunicazione può diventare molto più efficace.

Per un venditore diventa addirittura fondamentale questa differenza. Se hai di fronte una persona che ha un meta-programma "VERSO" illustrare i benefici di quel che stai andando ad offrire avrà sicuramente un effetto molto più impattante.

Se invece incontri una persona che ha un meta-programma "VIA DA" diventa fondamentale sottolineare che compiendo quella scelta potrà evitarne di altre.

Altri due meta-programmi che vengono spesso utilizzati dagli atteggiamenti inconsci delle persone sono il riferimento interno e quello esterno.

Ci sono due tipologie di persone:

- **Chi prende le decisioni di pancia**, indipendentemente dal pensiero degli altri
- **Chi prende le decisioni dando importanza al pensiero degli altri** e agendo di conseguenza

Ovviamente con queste due tipologie di persone dovrai interagire in modo differente. Una persona che ha un forte **riferimento interno** vuole decidere sempre per conto suo, quindi assumerai un atteggiamento scorretto se cercherai di dargli dei consigli.

Dovrai quindi comunicare in modo tale da spingerlo a prendere una decisione. La decisione però deve provenire da loro quindi devi farli sentire al centro dell'attenzione.

Potrai usare frasi come:

"Hai avuto un'ottima idea"

"Cosa ne pensi di questo prodotto?"

"Cosa ne pensi di aggiungere questo servizio?"

"Hai pensato correttamente"

Mentre per chi ha un meta-programma di **riferimento esterno** ti dovrai rivolgere in modo completamente diverso. Come ti ho detto in precedenza per queste persone è molto importante anche il giudizio degli altri.

Quindi potrai usare ad esempio frasi come:

"Farai un figurone con questo prodotto"

"Parleranno tutti bene di te"

"La tua azienda sarà sulla bocca di tutti"

"La tua reputazione avrà un incredibile miglioramento"

Rapportandoti nel modo corretto con queste persone potrai essere molto più convincente e persuasivo.

Ricorda…

NON devi avere lo stesso approccio di comunicazione con tutte le persone con cui interagisci. Devi imparare a personalizzare il tuo modo di comunicare per far sentire gli altri a loro agio.

Le persone che parleranno con te si sentiranno molto comprese e vedranno in te qualcuno con cui si possono realmente aprire e spiegare le loro esigenze.

Da quando ho iniziato ad analizzare le persone e a capire realmente i loro meta-programmi sono riuscito a comunicare in modo completamente diverso e ho riscontrato risultati positivi fin da subito.

Ti invito ad applicare queste strategie e a porre più attenzione nell'atteggiamento degli altri.

Come instaurare una nuova abitudine

Per ottenere dei risultati diversi hai la necessità di apportare dei cambiamenti nella tua vita.

Ogni uomo di successo ha una serie di abitudini di successo che lo portano a condurre uno stile di vita corretto.

Io nel corso degli anni ho instaurato nuove abitudini, inizialmente anche per me era molto difficile perché cercavo di farlo solo ed unicamente con la mia forza di volontà.

In seguito ho capito che c'era qualcosa che non andava perché ogni volta che volevo inserire una nuova abitudine nella mia routine, dopo poco la abbandonavo e ritornavo al mio vecchio stile di vita.

Non riuscivo a capacitarmi di come potesse essere possibile ma cadeva continuamente nello stesso tranello.

Per queste ragioni ho iniziato ad informarmi e ho scovato nella PNL una soluzione a questa mia problematica. Mi ha permesso di imparare alcune cose che permettono di controllare gli schemi mentali e raggiungere l'eccellenza.

Per formare nuove abitudini è fondamentale avere:

- **<u>Un processo</u>**
- **<u>Un'identità</u>**

Le persone di successo hanno un processo, cioè delle **abitudini positive**. Una persona con un fisico molto definito, mangia ogni giorno in modo sano, pratica sempre sport, queste sono abitudini che si è costruita nel tempo.

Una persona che riesce a vendere molto, ha delle altre abitudini, ad esempio si forma, studia, apprende ogni giorno, cerca di migliorare la sua comunicazione e così via.

Non è necessario avere solo ed esclusivamente un processo di abitudini per raggiungere il successo perché diventa poi fondamentale riuscire a mantenerlo nel corso del tempo.

È fondamentale e necessario avere **un'identità**, se vuoi cambiare le tue abitudini dovrai farlo in relazione a **quel che vorrai diventare**, non riuscirai mai a cambiare abitudini solo per raggiungere un obiettivo di breve termine.

Come introdurre una nuova abitudine

Il primo consiglio che ti posso dare per introdurre nella tua vita una nuova abitudine è quello di aprire la tua mente. Secondo Richard Bendler uno dei fondatori della PNL, **immaginare un'azione nella propria mente prima di realizzarla** ti può permettere di installare la nuova abitudine più facilmente.

Questo processo se hai dei blocchi mentali o emotivi potrebbe non funzionare. Ti consiglio di applicare i miei consigli per iniziare ad implementare prima abitudini più semplici ed in seguito più complesse.

Tutto quello che ti dirò ha funzionato per me e per molti altri uomini nel mondo. Devi avere una mentalità aperta e non ti devi porre alcun limite, se sei il primo a dubitare dei risultati che puoi ottenere non otterrai mai nessun risultato.

Il **primo step** che devi fare sarà quello di **identificare un comportamento o una cattiva abitudine che vuoi modificare**.

Ad esempio se sei una persona che si sveglia in tarda mattinata, una cattiva abitudine potrebbe essere quella di dormire molto tardi la notte.

Una volta identificata questa cattiva abitudine, inizia a pensare e a immaginare come ti comporti in quelle situazioni.

Adesso è arrivato il momento di **identificare ciò che desideri**, devi **creare un'immagine nella tua mente**. Quindi trova un modello positivo, ricorda un tempo nel passato in cui stavi attuando questo modello, pensa anche se hai fatto qualcosa di simile in un altro contesto e immagina tutto.

Mentre immagini tutto questo, **inizia a muoverti** come se stessi vivendo davvero quel momento e quella sensazione.

Adesso identifica un **trigger esterno**, cioè un qualcosa, un messaggio esterno da associare a quella determinata abitudine. Ad esempio per le mie abitudini dovevo preparare la colazione alle 7 del mattino, nel momento in cui sentivo la musichetta dell'ora esatta in televisione. Avevo associato a quel suono, a quel segnale la mia abitudine.

È importante avere un trigger esterno perché anche nei momenti in cui puoi avere una dimenticanza ti permette di rimanere concentrato su quel che devi fare. Ti riporta sulla Terra. A prima mattina ti posso assicurare che potresti essere molto distratto.

Adesso immagina di fare quell'azione, quella nuova abitudine, di ripeterla anche nel futuro. Immagina i benefici che puoi ottenere e quale persona potresti diventare.

Ti ho fatto l'esempio della sveglia la mattina perché una delle abitudini più difficili da apprendere per una persona che non ha orari è proprio lo svegliarsi molto presto.

Devi sapere che la maggior parte delle persone di successo si svegliano nelle prime ore della mattina, dalle 5 alle 8. Prima ti sveglierai più avrai tempo da sfruttare per migliorare la tua persona e per arrivare più preparato ai momenti importanti della giornata.

Nelle prime ore della mattina mentre tutti gli altri dormono infatti potresti meditare per rilassare il tuo corpo, fare un po' di attività fisica per liberare endorfine (vengono chiamate anche l'ormone della felicità per il suo effetto benefico), potresti anche mangiare e compiere delle azioni molto importanti per te.

Alle 8 di mattina saresti già pronto per poter contattare i tuoi clienti e rispondere alle email lavorative. Avresti molte ore in più da sfruttare. Per effettuare questo switch di vita però devi necessariamente instaurare nuove abitudini.

Ricordati che se vuoi migliorare devi cambiare prima il tuo asset mentale perché proprio quello condiziona le tue azioni.

Il metodo che ti ho spiegato in questo capitolo lo puoi applicare per l'apprendimento di qualsiasi abitudine.

Quello che ti posso consigliare e di procedere **step by step**, non cercare fin da subito di introdurre delle abitudini troppo diverse dalle tue.

Ad esempio se in genere ti svegli a mezzogiorno, non cercare di svegliarti dal giorno dopo alle 5 di mattina, ce la potresti fare tuttavia mentalmente e fisicamente potrebbe essere molto stressante per te.

Per queste ragioni prova prima a svegliarti alle 10, poi alle 8, poi alle 5 quando ti senti pronto. L'inserimento di una nuova abitudine, qualsiasi essa sia deve essere graduale.

Il rischio contrario deriva dalla generazione di un effetto negativo che ti può far sentire inadeguato e ti può far disprezzare quella scelta nuova di vita che hai fatto.

Per implementare un'abitudine è consigliabile praticare le nuove azioni per almeno 30 giorni consecutivi, in seguito dovrebbe entrare nella tua routine e diventare inconscia.

Hai tutti i mezzi per migliorare la tua vita, non ti far abbattere da chi ti dice che non è possibile, i tuoi limiti sono quelli che tu stesso ti imponi, se davvero lo vuoi puoi distruggerli.

"Essere depressi è un'abitudine; essere felici è un'abitudine; e la scelta spetta a te." - Tom Hopkins

Migliorare le capacità comunicative con la PNL

Ti sei mai chiesto come migliorare le tue capacità comunicative? Spesso ci capita infatti di non essere compresi. Sembra che gli altri non ascoltino o non siano interessati a tutto quello che diciamo.

Questa condizioni ci fa sentire a disagio, non ci sentiamo apprezzati o capiti. Se ti sei trovato almeno una volta in questa situazione non ti preoccupare, accade spesso a molti uomini.

Perché la comunicazione non è sempre efficace

Tutto questo non è dovuto solo alla tua comunicazione ma al funzionamento del cervello dell'uomo.

Il nostro **cervello elimina tutte le informazioni che sono inutili** attraverso dei **processi inconsci**. Se non facesse questo, il rischio in cui incorreremmo sarebbe quello di impazzire.

Immagina di essere seduto su una sedia ed iniziare a percepire le sensazioni di quella sedia, di sentire il rumore in lontananza del bambino che gioca con il pallone poco lontano, la persona del piano di sopra che cammina avanti e dietro in casa e così via.

Non riusciresti a focalizzarti su nulla e rischieresti di impazzire perché la tua mente continuerebbe a vagare nel buio.

Per fortuna i processi inconsci del nostro cervello ti permettono di evitare queste situazioni spiacevoli.

Quindi stai tranquillo…

Non hai alcun problema.

Adesso ti spiegherò meglio come funziona la nostra mente e perché a volte la comunicazione con gli altri è inefficace, nonostante ti impegni molto.

Devi sapere che la mente:

- <u>**Elimina**</u>
- <u>**Distorce**</u>
- <u>**Generalizza**</u>

Questo, come ti ho detto, accade per non sovraffollare il tuo cervello di informazioni inutili che non sono necessarie per sopravvivere. È vero e proprio istinto di sopravvivenza che il tuo corpo attua inconsciamente ogni giorno.

Per quanto riguarda l'**eliminazione**, alcune **informazioni** vengono **ignorate dal cervello** perché non vengono considerate rilevanti. È la situazione di cui ti parlavo prima (sedia, bambino), riusciresti a rilevare quelle informazioni solo nel momento in cui espandessi la tua consapevolezza.

Il secondo processo riguarda le **distorsioni**, cioè cerchiamo di **adattare qualsiasi informazione** che recepiamo **alla nostra prospettiva** delle cose. Se penso che ad esempio il problema dell'Italia sono gli immigrati, se sentirò una notizia in cui un italiano e un immigrato hanno ucciso due persone mi focalizzerò sull'immigrato perché rispecchierà la visione "negativa" che ho nel mio cervello.

Infine l'ultimo processo che attua la nostra mente sono le **generalizzazioni**. Sono tutte le situazioni in cui **la mente associa attraverso un senso una situazione che è già accaduta in precedenza.**

Questo ci permette di non focalizzarci sulle cose inutili.

È il caso in cui abbiamo già vissuto diverse volte la stessa situazione.

Ad esempio se sento l'odore del pane appena sfornato, posso dedurre che questo sia buono, proprio perché l'ho mangiato diverse volte e associo a quell'odore il gusto.

Attraverso questo processo quindi la mente elimina questi pensieri che diventano inconsci.

Come puoi sfruttare a tuo vantaggio queste informazioni?

Beh se sei una persona che fa presentazioni aziendali o di prodotti, questo capitolo ti può essere molto utile.

Se sei una persona che non si occupa di questo puoi adattare questi concetti ad altri ambiti della tua vita.

In azienda, se hai fatto almeno una volta una presentazione, avrai notato che nonostante tutti fossero attenti qualcosa è sfuggito loro, ognuno ha ascoltato qualcosa di diverso.

Anche tu stesso probabilmente quando sei andato ad una conferenza con un gran numero di slide avrai perso la concentrazione e ti sarà sfuggito qualche passaggio.

Tranquillo, è assolutamente normale, ti ho spiegato che il cervello dell'uomo funziona proprio in questo modo, elimina le informazioni che non sono necessarie e generalizza.

È frustrante impiegare tanto impegno nella realizzazione di una presentazione e poi non essere apprezzato vero?

La maggior parte delle volte le persone che si trovano in queste situazioni si demoralizzano e credono semplicemente di non essere in grado a comunicare in modo efficace.

La situazione è ben diversa, puoi adottare dei consigli utili per le tue slide.

Il cervello dell'uomo non riesce ad elaborare moltissime informazioni nuove nello stesso momento, proprio per questo le tue slide e le tue presentazioni non dovrebbero contenere tantissime informazioni ma solo le principali.

Se in un secondo momento qualcuno ti chiederà delucidazioni le darai però non farlo all'inizio perché potresti annoiare tutti gli altri.

Quindi, slide con poche scritte e pochi concetti.

Utilizza immagini ad alto impatto visivo, in questo modo andrai a colpire l'attenzione ed il lato emotivo di chi le visualizza, ti differenzierai da tutti coloro che presentano sempre le stesse slide noiose con elenchi puntati e senza alcuna immagine.

Nonostante questi accorgimenti incontrerai sempre qualcuno che non è soddisfatto della tua presentazione, che si distrae, che non ha colto degli aspetti fondamentali.

Ti stai chiedendo: perché accade questo?

Beh, ricordati che la mente attua dei processi di distorsione per adattare la realtà alla sua visione e di generalizzazione. Se ti è capitato di esprimere un'idea e di vederla paragonata ad un'altra che ha delle caratteristiche diverse, hai subito un processo di generalizzazione.

Questo però non ti deve abbattere ma semplicemente la PNL ti fa rendere conto che ogni uomo ha una propria visione della realtà, che è unica.

Ovviamente ci sono degli uomini che sembra che siano sempre d'accordo, che pensino allo stesso modo, in realtà non è così. Queste persone hanno semplicemente degli schemi mentali simili che permettono di avere una percezione della realtà molto affine.

Nei prossimi capitolo ti spiegherò come comunicare al meglio con le altre persone e migliorare quindi le tue relazioni, quindi la tua vita privata ma anche quella lavorativa.

È ora di uscire dalla tua comfort zone, è ora di capire il funzionamento della tua mente ed applicare realmente i consigli della PNL nella tua vita.

Non ti potrai accontentare ogni giorno delle azioni che compi. La vita è altro e lo sai benissimo.

La vita non è accontentarsi, non sono scuse ma è fatta di responsabilità, emozioni, sogni, denaro e serenità.

So che nel tuo profondo sei d'accordo con queste affermazioni. Proprio per questo credo che questo libro ti potrà essere molto utile.

Tratta questo libro come un vero e proprio manuale da leggere e rileggere per ottenere grandi risultati nella tua vita.

"Le parole sono singolarmente la forza più potente a disposizione dell'umanità. Possiamo scegliere di usare questa forza in modo costruttivo con parole di incoraggiamento o in modo distruttivo usando parole di disperazione. Le parole hanno energia e potenza nella loro capacità di aiutare, guarire, ostacolare, ferire, danneggiare, umiliare e renderci umili." - Yehuda Berg

Strategie di PNL nelle relazioni

Nella vita una delle cose che può avere molta influenza sul tuo stato d'animo e sulle tue emozioni, positivamente o negativamente, sono le emozioni.

Imparare a relazionarsi correttamente con gli altri diventa quindi fondamentale.

Spesso e volentieri le persone non si sentono comprese, non riescono a capire cosa hanno sbagliato, perché una persona ha cambiato il suo atteggiamento nei loro confronti. Queste situazioni la maggior parte delle volte causano forti sensazioni di dispiacere, ci si sente inadeguati.

Quando si tratta anche con un cliente, in ambito lavorativo, non si riesce a creare sempre una forte empatia, a causa di questo diventa difficile portare a termine una trattiva, anche nel caso in cui ci siano dei vantaggi per entrambe le parti.

Tutto quello che ti dirò in questo capitolo l'ho provato personalmente e ho constatato i risultati. La mia vita è drasticamente cambiata, mi sentivo molto più sicuro di me, instauravo continuamente relazioni costruttive e positive, ti spiegherò come ho fatto.

La PNL insegna che per avere una migliore relazione con gli altri, bisogna cercare di essere meno intransigenti con sé stessi.

Se noti infatti molte volte siamo intransigenti con gli altri perché ci poniamo alti standard e quindi ci giudichiamo molte volte anche negativamente. Cerchiamo quindi quel che non possiamo raggiungere nelle altre persone. Questa intransigenza non porta a nulla di positivo.

Devi concederti di errare, fallire e devi accettarlo, questo fa parte della vita di ogni uomo. **Non è mai esistita e mai esisterà una persona che non ha mai fallito neanche una volta nella sua vita** in qualsiasi ambito.

Nel momento in cui sarai più permissivo, meno intransigente con te stesso lo sarai anche con gli altri. Un atteggiamento di un'altra persona che non ti soddisfa a causa dei tuoi standard elevati e della tua rigidità con te stesso, non ti porterà ad allontanarti ma a cercare di comprenderlo se sei meno pretenzioso.

Prima di fare una conversazione ed instaurare una nuova relazione chiediti se sei nello stato emotivo giusto.

Spesso mi capitava di essere arrabbiato o triste o pensieroso, quando chiamavo un cliente non riuscivo mai a concludere un affare perché percepiva che c'era qualcosa che non andava in me. Mi ero accorto però che ogni volta che parlavo e mi sentivo positivo, ricco di energie, i miei risultati miglioravano molto.

Ecco perché è necessario per una relazione essere nello stato mentale giusto per rapportarti con l'altro. Se credi di non esserlo in quel momento, prenditi del tempo, respira, attendi, quando ti sentirai pronto agisci.

Un altro errore molto comune che facevo era quello di aspettare che le altre persone venissero da me, per parlare, per chiedere scusa, per fare una qualsiasi mossa. Se aspetti che il mondo venga da te, che ti mostri qualcosa, il rischio è quello di non uscire mai più da questo loop.

Quello che frena le persone a compiere un'azione, a parlare ed aprirsi con gli altri è la paura di essere feriti, di non essere compresi, di fallire. Ti consiglio di **provare a interloquire** con gli altri, se capiranno il tuo pensiero, il tuo modo di essere, il tuo stato emotivo avrai costruito una nuova relazione viceversa non avrai perso nulla.

Non aspettare che gli altri facciano il primo passo.

Spesso cerchiamo di imitare gli altri credendo che quella sia la scelta migliore. In realtà devi capire che **ognuno di noi è unico**.

Pensa ad una cosa…

La tua impronta digitale è diversa da quella di 7 miliardi di persone, sei come un diamante unico, pregiato, introvabile. Il tuo compito non è copiare lo stile di vita di altri o comportarti come altri, dovrai adattare qualsiasi informazione alla tua persona, al tuo modo di fare.

Non avere paura di essere unico, non ti paragonare con altri perché tu stai vivendo la tua vita e non quella di qualcun altro. Il rischio di comportarti come qualcun altro è che non saresti mai in grado di farlo, semplicemente perché quella non è la vita tua.

In tutti casi ci sarà sempre qualcuno pronto a criticarti, non perdere energie per cercare di fargli cambiare idea, soprattutto se vuole abbatterti, vai per la tua strada e credi sempre in te stesso e nelle tue potenzialità.

Una delle tecniche di comunicazione che viene utilizzata spesso da chi conosce le metodologie della PNL è la **<u>stimolazione di un rapporto</u>**. Con queste metodologia dovrai **abbinare la tua personalità con quella di un'altra persona durante una conversazione**, cioè dovrai assumere i suoi movimenti, le parole, la neurologia, le espressioni.

Quando stimoli e abbini le parole di un altro e le sue espressioni non verbali come ad esempio i gesti e la respirazione, crei un rapporto magico. Ovviamente l'altra persona non deve percepire che state imitando il suo modo d'essere perché si potrebbe infastidire o potrebbe ridere di te.

Se inizierai a padroneggiare quest'arte potrai sviluppare rapporti con le persone in modo molto rapido e duraturo nel tempo.

Per stabilire nuove relazioni dovrai metterle al primo posto della tua scala gerarchica, davanti qualsiasi altro tipo di attività. In questo modo potrai anche rafforzare le relazioni con le persone a te care. Hai bisogno che le persone che ti circondano ti supportino nelle tue attività, non ti isolare, questo può solo far male alla tua persona.

La PNL mi ha insegnato inoltre a non sentirmi giudicato dagli altri, a rilassarmi e a non pensare a quello che la gente dice. Se ci pensi quando giudichi qualcuno utilizzi dei tuoi criteri personali per farlo, che si basano sui tuoi valori, sui tuoi standard e sulle tue convinzioni, su tutto ciò che è importante per te e quello che non lo è.

Quindi come puoi ben immaginare nel momento in cui giudichi un'altra persona lo stai facendo sulla base dei **TUOI** valori, allo stesso modo quando qualcuno esprime un giudizio su di te.

Per queste ragioni i criteri di giudizio non sono oggettivi ma sono in relazione all'esperienza personale vissuta da ogni individuo.

"Mettere in discussione se stessi è il modo migliore per capire gli altri." - Michelangelo

PNL e manipolazione mentale

La manipolazione mentale è davvero un processo attuabile nella realtà? È qualcosa che si può fare eticamente?

Sicuramente avrai visto molti film dove ci sono delle persone che riescono a manipolare la mente di altre per raggiungere i loro loschi fini.

Beh in realtà manipolare la mente di qualcuno è qualcosa che non solo è fattibile ma che non dovrebbe assumere neanche una connotazione così negativa.

Spesso le tecniche di PNL possono essere utilizzate per indurre altre persone ad attuare un determinato comportamento.

Molti venditori utilizzano questi metodi per convincere i clienti ad acquistare. È qualcosa di assolutamente legale.

Tutto questo non ha nulla a che fare con l'ipnosi o con costrizioni fisiche che devi imporre sull'altro per costringerlo a comportarsi in un determinato modo da te apprezzato.

Ti posso assicurare che sono tecniche reali, che funzionano e che ogni giorno vengono adottate da molti esperti. Io utilizzandole sono riuscito ad ottenere grandi risultati, quindi ho deciso di condividerle con te.

La PNL non nasce con l'obiettivo di controllare la mente delle altre persone ma il suo fine è quello di capire perché ci comportiamo in un determinato modo e come essere in linea anche con la nostra parte inconscia.

Queste **tecniche di manipolazione mentale** si basano proprio su questo, cioè riuscire a **comunicare al meglio con l'inconscio delle altre persone**, con la loro parte più nascosta, più oscura.

Devi sapere che la tua mente filtra qualsiasi informazione, sia quelle che vengono comunicate dalla parte conscia che quelle della parte inconscia. Questo significa che anche un semplice movimento corporeo potrebbe farti percepire in un modo positivo o negativo.

Non esiste solo la comunicazione verbale ma anche quella corporea come ben sai. Queste tecniche utilizzate da persone che hanno fini poco etici potrebbero avere un gran impatto negativo nella società.

La tua mente ha un potere incredibile, può essere programmata se davvero lo vuoi per fare delle azioni straordinarie. Non ti porre alcun limite, adesso ti spiegherò come diventare più convincente e conquistare l'attenzione delle altre persone agendo sulla loro mente.

Quindi da dove partire? Qual è la prima cosa da fare per manipolare al meglio la mente di un'altra persona?

Tecniche di manipolazione mentale

Beh la prima cosa che dovresti fare è sicuramente dare attenzione alla persona che interagisce con te. Questo significa che **non puoi manipolare la mente di qualcuno se non comprendi le sue emozioni** e i suoi sentimenti in quel determinato momento.

Gli esperti, come potrai diventare anche tu, prestano molta attenzione ai segnali delle persone, uno dei più evidenti segnali inconsci è il movimento degli occhi. Altri movimenti inconsci sono la respirazione, il rossore, tic nervosi e così via.

Il corpo in ogni momento, in ogni secondo comunica attraverso dei **segnali** che dalla maggior parte delle persone non sono compresi. Diventa quindi fondamentale per te porre attenzione ai particolari, ai piccoli movimenti corporei.

I movimenti del corpo ti possono aiutare a capire come una persona percepisce ed elabora delle informazioni. Il movimento degli occhi è fondamentale, se una persona mentre parla sposta gli occhi in alto verso destra significa che sta immaginando qualcosa. Se li sposta verso sinistra in alto, starà vivendo un ricordo visivo.

Puoi quindi notare immediatamente quel che la persona sta pensando anche se non ti sta comunicando quelle informazioni verbalmente.

In questo modo inizi a capire se la comunicazione con la persona che hai di fronte sta avendo il suo effetto. Ovviamente analizzare l'altra persona non è sufficiente per manipolare la sua mente.

Devi sapere che i battiti cardiaci di ogni uomo sono circa dai 60 ai 100 al minuto[2], perché ti sto parlando di questo? No, non ti preoccupare non sono impazzito.

Secondo la PNL per avere una **comunicazione efficace** e soddisfacente per la mente umana devi pronunciare un numero di parole al minuto che si avvicina ai battiti del cuore. Quindi per riuscire a comunicare positivamente con l'inconscio di un'altra persona dovresti utilizzare almeno dalle **45 alle 60 parole al minuto**.

---

[2] https://www.valorinormali.com/altri-esami/battiti-cardiaci-del-cuore-valori-normali-massimi-e-minimi/

Questa tecnica viene chiamata "**<u>voice roll</u>**", è utilizzata per portare l'altra persona in uno stato mentale simile a quello di trance utilizzando questo tipo di comunicazione.

Vengono utilizzate per questo modello di comunicazioni pause, enfasi, ripetizioni di parole chiave che devono penetrare il subconscio.

Comunicando con questa velocità ci si può allineare ai battiti cardiaci e inviare dei ritmi alfa nel cervello, cioè mettere quest'ultimo in una condizione di rilassamento totale.

Quando la persona con cui comunichi si sentirà rilassata, tranquilla potrai avere più potere e gestire al meglio la sua mente ed il suo modo di pensare.

Se eccedi con il numero di parole oppure la tua velocità di parola è inferiore potresti perdere l'attenzione dell'altra parte. Questo significa che il controllo della sua mente ti sfuggirà e non potrai essere più efficace. Dai molta importanza a questo aspetto, potrebbe fare la differenza.

Una delle tecniche molto importanti che ti permette di relazionarti al meglio con gli altri è quella del **<u>Rapport</u>**. Il Rapport ti permette di avere un **rapporto di fiducia reciproca** e comunicazione con l'altra parte.

Come funziona questa tecnica?

Beh, devi **cambiare il tuo modo di comunicare** in relazione alla persona con cui parli. Ad esempio se sei un adulto e parli con un bambino non utilizzerai la stessa terminologia che adotti durante un colloquio di lavoro.

Questo lo fai inconsciamente perché vuoi creare maggiore feeling nel rapporto. Questo lo devi applicare in tutte le circostanze. Non avere un modello di comunicazione da utilizzare in ogni ambito perché non tutti potrebbero sentirsi a loro agio e quindi convincerli a compiere una determinata azione potrebbe diventare molto difficile.

Ad esempio quando parli con dei ragazzi è preferibile che tu usi degli slang comuni piuttosto che un linguaggio molto forbito. Quando parli con un bambino al posto di utilizzare termini come veicolo potresti dire "brum brum".

È molto importante anche **mettersi all'altezza delle persone** con cui parli, nel vero senso della parola. Questo non è assolutamente un modo di dire. Questo significa che se una persona è seduta davanti a te, per entrare in connessione con lei dovrai sederti anche tu.

Se sei in piedi e la persona è seduta, ti guarderà con soggezione ed è la cosa più importante che devi evitare nella costruzione di un rapporto positivo. Se non adotti il Rapport non acquisirai mai abbastanza fiducia nel rapporto.

Queste tecniche non solo possono essere applicate nell'ambito commerciale ma anche nelle relazioni con il proprio partner, con i propri figli, amici e parenti.

Dopo aver instaurato il Rapport con l'altra parte spesso e volentieri viene utilizzata la tecnica definita **Milton Model**.

Questo è un modello che **porta a compiere una scelta alla controparte con cui comunichi**. Penserà di poter fare una scelta liberamente in realtà stai imponendo una tua volontà.

Questa è una tecnica psicologica che spesso e volentieri non viene riconosciuta e può essere adottata in ogni ambito soprattutto nelle vendite e nel marketing.

Ti è mai capitato di sentire da qualcuno:

"Preferisci l'opzione X o l'opzione Y?"

Con questa domanda sei stato portato a compiere una scelta. Le opzioni tra cui potevi scegliere però erano entrambe di gradimento alla persona che ti ha posto la domanda.

In questo modo senza volerlo hai scelto qualcosa non liberamente ma sei stato convinto a compiere un'azione.

È entrato in gioco in questo modo il cosiddetto Milton Model. Il suo nome deriva proprio dal psicanalista che lo ha scoperto.

Dopo che crei un Rapport la persona con cui comunica si fida di te, quindi diventa più facile che questa senza troppe domande cada nel tranello del Milton Model.

Questa scelta viene anche applicata ad esempio in alcuni partiti che chiedono ai cittadini: "Preferite che guidi il partito X o Y?"

I cittadini faranno una scelta, tuttavia questa è condizionata dalle limitazioni che sono state poste nella domanda, infatti dovranno scegliere esclusivamente fra due nomi. È una finta condizione di libertà.

Infine è fondamentale riuscire a far cambiare le sub-modalità di pensiero alla persona con cui interagisci. Questo significa che dovrai capire quali sono i pensieri negativi dell'altra persona e attraverso delle domande dovrai cercare di distruggere le certezze sulle quali questi si basano.

Ad esempio, puoi dire:

"Da dove deriva questa tua convinzione?"

"Pensi queste cose del prodotto perché qualcuno te ne ha parlato male?"

"Questa persona è affidabile? È possibile che abbiate un modo diverso di pensare?"

"Conosci diverse persone che la pensano allo stesso modo?"

"Questa convinzione deriva dal tuo pensiero?"

In questo modo potrai smontare tutte le opposizioni che il cliente ti pone. È fondamentale esser pronti nel rispondere a qualsiasi domanda.

Se applichi tutti i consigli che ti ho dato in questo capitolo, arrivato a questo punto della conversazione l'altra parte avrà fiducia in voi e sarà completamente sincera. È proprio in questo momento che tu potrai parlare al suo inconscio e colpire.

So che non è semplice tuttavia è possibile farlo.

Da quando ho applicato queste tecniche nella mia vita, ho vissuto una vera e propria svolta. Ho aperto gli occhi, ho capito che migliorare si può, instaurare rapporti costruttivi e duraturi mi è sembrato molto più semplice e fattibile.

Prima affrontavo le mie giornate lavorative con rabbia perché non riuscivo ad ottenere i risultati che desideravo e questo creava in me una forte frustrazione.

Voglio che anche tu inizi ad applicare con gli altri queste tecniche. Se inizialmente i risultati sono scarsi o sei in imbarazzo, non ti preoccupare è normale che sia così, d'altronde prima di diventare degli esperti in qualsiasi attività hai bisogno di pratica.

Quindi mantieni il tuo morale alto e continua ad applicarle nella vita di tutti i giorni fino al momento in cui non sarai diventato padrone di esse.

La tua convinzione in seguito verrà percepita in modo positivo dagli altri.

"Ci sono quelli la cui abilità principale è quella di far girare le ruote della manipolazione. È la loro seconda pelle e senza queste ruote girevoli, semplicemente non sanno come vivere." - C. JoyBell

PNL e persuasione

Vuoi convincere gli altri a prendere delle decisioni importanti? Hai bisogno di capire in anticipo il pensiero di altri per agire di conseguenza?

Imparare le tecniche di persuasione diventa molto importante se hai questi obiettivi.

Persuadere un'altra persona **non significa imporre un'azione o un atteggiamento** che dovrebbe attuare, anzi tutt'altro. Persuadere significa convincere l'altra persona della bontà del tuo pensiero.

Ti è mai capitato di avere un'idea che ti sembra geniale ma non riuscire a convincere gli altri?

Se ti sei trovato in una situazione del genere probabilmente hai creduto di non essere un bravo comunicatore oppure che effettivamente la tua idea non valeva poi così tanto.

Se hai fatto questi pensieri, ti dico una cosa: ti sei sbagliato.

La realtà è completamente diversa, le persone si lasciano convincere dagli altri nel momento in cui questi riescono a persuaderle. Se conosci quindi delle tecniche potresti avere un grosso vantaggio.

Queste le puoi usare non solo nell'ambito lavorativo ma anche della tua vita più in generale.

Le tecniche di cui ti parlerò ti consiglio di abbinarle a quelle che ti ho indicato nel capitolo precedente.

È fondamentale che tu le applichi continuamente nella tua vita, non ti accontentare di dare una semplice lettura. Questo è un libro molto pratico, voglio che lo utilizzi, sottolinei e apprendi tutti i concetti.

Non ti preoccupare di sgualcire le pagine, questo non è un libro che deve essere lasciato a prendere polvere nella tua libreria, lo dovrai portare sempre con te, tenere accanto e applicare nel momento del bisogno.

È un manuale che ti può essere utile davvero in molti ambiti.

Tecniche di persuasione

Come puoi immaginare la comunicazione è sempre fondamentale. Uno degli errori più comuni che porta le altre persone a credere che non sei abbastanza convincente è il **tono di voce** che utilizzi quando parli.

Se dici ad un'altra persona: "oggi vendo questo prodotto" e sulle ultime due parole alzi il tono della voce ed usi un tono più enfatico non apparirai convincente perché la tua affermazione potrà sembrare una domanda.

Se invece utilizzi lo stesso tono di voce senza alzare la voce potrai sembrare più credibile e convincente.

Ora che sei venuto a conoscenza di questo tecnica base, ti posso parlare di altre tecniche che potrebbero interessarti molto...

La tecnica del **comando implicito** viene utilizzata molto spesso dagli esperti di PNL e di comunicazione.

Rispondere negativamente ad un'affermazione come "Oggi andiamo a mangiare a ristorante" è molto più difficile rispetto a "Vuoi andare a mangiare a ristorante oggi?"

Il concetto è sempre lo stesso anche se la frase espressa nella prima forma sembra più un comando e spesso **il tuo inconscio non è in grado di resistere**. La seconda frase invece è una domanda e quindi puoi decidere se accettare o meno.

Il modo in cui comunichi quindi può fortemente influenzare la risposta dell'altra persona. Puoi quindi persuaderla a compiere una scelta che senza le tue parole probabilmente non avrebbe fatto.

Questa tecnica viene utilizzato spesso anche dai camerieri nei ristoranti.

Immagina di andare in un ristorante ed ordinare una bistecca con patatine.

Alcuni camerieri dopo ordini di questo tipo per spingerti ad acquistare di più, ti dicono la seguente frase:

"Perfetto, da cosa vorresti iniziare?"

Questo ti pone in una condizione in cui nel migliore dei casi penserai a leggere il menu e cercare qualcos'altro di buono per poi decidere se prendere altro o meno, nel peggiore dei casi ti farai consigliare da lui che quindi riuscirà nel suo intento di farti spendere molti più soldi.

Se lo stesso cameriere avesse usato delle frasi come:

"Vuoi un antipasto?" o peggio ancora come "Nessun antipasto?"

La sua comunicazione non avrebbe sortito gli stessi effetti. Non sarebbe riuscito infatti minimamente a persuaderti e non avresti mai compiuto quell'azione.

Le tecniche di PNL oltre all'ambito lavorativo, come te ne ho già parlato poco fa, possono essere anche utilizzate nelle relazioni con i propri figli.

Se hai un figlio che la notte vuole giocare alla playstation oppure non vuole andare a dormire perché vuole vedere la tv, quello che ti sto perdere lo puoi applicare fin da subito e vedrai immediatamente i risultati.

Se dici a tuo figlio ad esempio: "Ti piacerebbe che ti leggessi una storia, di quelle che ti piace tanto, quando ti metti il pigiama?"

Avrai già dato per scontato che lui si dovrà mettere il pigiama e mettersi a letto. Con questa domanda può decidere solo ed esclusivamente se farti leggere una storia o meno, quindi avrai raggiunto il tuo obiettivo persuadendolo e lui crederà di aver agito liberamente.

Questa trucco ovviamente può essere utilizzato anche nelle vendite. Dicendo ad esempio al potenziale acquirente:

"Ti piacerebbe che ti regalassi Pokemon Blu o Pokemon verde, quando compri il Gameboy?"

Se sei un venditore di Gameboy darai quindi per scontato che il potenziale acquirente lo acquisterò, questa tua tecnica andrà a persuadere il suo inconscio e lui sarà più propenso a compiere quell'azione.

Come puoi vedere la maggior parte delle tecniche PNL di persuasione non sono così complicate e davvero tutti le possono applicare ogni giorno. Quello che differenzia la buona o cattiva riuscita dell'applicazione di una di queste tecniche deriva dalla costanza in cui si provano e riprovano.

Più cercherai di applicarle più diventerai esperto e quindi maggiori saranno i tuoi benefici.

La persuasione la puoi applicare anche nei tuoi confronti.

Ora ti starai chiedendo probabilmente…

"Ei aspetta che significa tutto questo?"

Si puoi persuadere anche il tuo inconscio, però devi sapere come fare. Io quando ho scoperto questa cosa ero abbastanza incredulo, non credevo che un uomo potesse auto-ingannare il proprio inconscio, invece è possibile.

E non solo…

I risultati che puoi ottenere sono davvero inimmaginabili.

Ho visto persone che hanno completamente cambiato la loro vita in poco tempo.

Una mia amica di nome Roberta, che è manager di una importante azienda italiana aveva un'estrema paura di parlare in pubblico. Solo immaginare quella situazione, cioè di trovarsi davanti a tante persone e comunicare con loro le causava sensazioni molto negative che non riusciva a gestire.

Il solo pensiero la faceva andare nel pallone, aumentava drasticamente il suo stress e la sua ansia. Credeva fortemente che non sarebbe mai riuscita a superare quella paura.

Quando me ne parlò io sapevo che si sbagliava, che aveva tutte le carte in regola per superare quella paura, ma le mancava qualcosa…

Un metodo.

Io ero lì per lei per svelarle un metodo che avevo appreso durante i miei studi di PNL. Lo insegnai e vidi dei drastici miglioramenti, mi ringraziò e mi disse che le avevo definitivamente cambiato la vita. Quel metodo lo ha utilizzato in diversi ambiti ed è riuscita ogni volta ad ottenere ottimi risultati.

Incredibile vero?

È una medicina? È una magia? È qualcosa di impossibile?

La risposta a tutte queste domande è **NO**.

Questo deriva semplicemente dalla consapevolezza di capire al meglio sé stessi.

Per persuadere te stesso e quindi anche il tuo inconscio devi applicare l'**ancoraggio**. L'ancoraggio è una tecnica che ti permette di associare un'emozione ad un gesto, ad un suono, una visione.

Dissi quindi alla mia amica di pensare e fare in quel momento di forte stress e ansia qualcosa che la facesse generalmente far stare bene. Lei amava canta le canzoni di Jennifer Lopez perché le ricordavano la sua infanzia, quando cantava in giardino con la sorella e si divertiva un mondo.

Il solo pensiero di quelle canzoni cambiava il suo stato mentale, la faceva stare bene.

Le dissi che doveva cantare quelle canzoni, prima di parlare in pubblico. Ogni volta prima di parlare cantava queste canzoni, quindi ha ancorato questa emozione a questo gesto. Adesso le basta cantare quelle canzoni per ritornare serena ed allontanarsi dalle sensazioni negative.

Ovviamente l'ancoraggio si può fare anche con altri gesti, come ad esempio la stretta di un pugno mentre pensi alla sensazione che hai vissuto in un momento di gioia. Ogni volta che stringerai il tuo pugno in questo modo riporterai inconsciamente le tue emozioni a quel determinato momento felice.

È fondamentale però ripetere con costanza nel tempo questi gesti, in modo tale che diventino inconsci. Solo in questo modo puoi ottenere grandi risultati come li ha ottenuti Roberta.

Potrai utilizzare le tecniche di persuasione della PNL anche per altri fini, infatti ti potrebbero servire per capire cosa desiderano veramente le persone.

Molte volte quando parli con qualcuno con cui hai molta fiducia non riesci a capire le sue volontà. Questo accade perché le persone in genere sanno con certezza cosa non vogliono ma in realtà non sanno cosa vogliono.

Come fare quindi per capire le vere intenzioni di una persona?

Un giorno ero con la mia partner e le feci una domanda, dovevamo organizzare le nostre vacanze insieme:

"Dove vuoi andare quest'estate? Dove ci facciamo il viaggio quest'anno?"

La sua risposta fu: "Non lo so".

Allora non contento avevo continuato ad insistere dicendole di pensarci.

Lei mi rispose in questo modo:

"Allora non so dove voglio andare ma di sicuro non a Dubai perché li fa molto caldo e come ben sai io non sopporto molto quelle temperature".

Ancora una volta mi aveva detto cosa non voleva e non ciò che realmente cercava.

Avevo capito che alla base di tutto allora c'era un problema di comunicazione, sapevo con certezza che lei nel suo inconscio aveva un desiderio, una destinazione in cui andare.

Le posi la domanda in modo diverso:

"Se non avessi alcun limite monetario da dover rispettare dove andresti?"

In questo caso finalmente la sua risposta era cambiata:

"Beh mi piacerebbe molto andare in Canada"

Avevo capito finalmente che cosa voleva, il suo inconscio cosa desiderava. Con questa domanda ho individuato il problema che le stava impedendo di esprimersi al meglio. Se non avessi insistito non avrei mai capito i suoi pensieri più profondi.

Per queste ragioni la PNL può essere molto utile. Con la paziente e l'utilizzo di queste tecniche puoi venire a conoscenza di **pattern di ragionamento** di altre persone e sfruttarli al meglio per migliorare il tuo rapporto.

Tutti questi non sono concetti che son stati inventati da me ma sono tecniche che da anni vengono adottate dai più grandi comunicatori al mondo come **Antonhy Robbins** per persuadere le altre persone.

Ci sono persone che grazie alla PNL hanno capito meglio le loro emozioni, cosa provavano davvero e il funzionamento del loro inconscio.

Dietro ad ogni azione c'è un pensiero. Il pensiero condiziona le tue scelte e quindi il tuo stile di vita.

Se riesci a comprendere quali sono i tuoi limiti o quelli della persona con cui comunichi puoi progettare un piano per oltrepassarli e godere dei benefici che derivano da questa tua azione.

"Credo che la forza di persuasione sia il superpotere più grande di tutti i tempi."
- Jenny Mollen

PNL nella vendita

In questo capitolo ti spiegherò perché dei venditori riescono a vendere grandi quantità di un prodotto o servizio mentre altri no.

Devi sapere che gli acquirenti comprano le persone.

Questo cosa significa?

Che i clienti si fanno convincere prima di tutto dalla persona, prima di procedere all'acquisto. Se non sei convincente, se non esprimi fiducia, non avrai clienti disposti a pagare per il servizio o prodotto che offri.

Diventa quindi fondamentale capire come sviluppare e strutturare il tuo stile di vendita.

Richard Bendler, l'inventore della PNL, nel corso del tempo ha inspirato milioni di venditori al mondo che ogni giorno utilizzano i suoi principi e hanno molto successo.

Ricordo delle giornate che passavo in ufficio, chino sulla mia scrivania, con le mani fra i capelli. Il mio business non riusciva a decollare, non riuscivo ad ottenere più vendite, dovevo fare qualcosa.

Tutto cambiò quando mi sono imbattuto in una serie di libri di Programmazione Neuro Linguistica.

Non avrei mai immaginato che quei libri mi avrebbero cambiato la vita per sempre. Anche io inizialmente non ponevo molta fiducia in quel che leggevo. Un giorno però mi resi conto che non avevo nulla da perdere, la situazione non poteva andare peggio di così, era ora di provare quei principi.

Li iniziai a testare, entrai nell'asset mentale giusto, non ti nascondo che il processo non fu immediato, tuttavia giorno per giorno il mio inconscio percepiva che qualcosa stava effettivamente cambiando dentro di me.

Vedevo anche che le risposte dei clienti erano diverse, non erano più così negative come prima. Continuai quindi ad insistere ed i primi risultati non tardarono ad arrivare.

Ero soddisfatto di me ma credevo fortemente che potevo anche migliorare. In un solo anno ebbi incredibili risultati che non avevo mai raggiunto in carriera. Avevo finalmente imparato ad utilizzare nelle mie vendite tutti i principi PNL.

Il mio obiettivo non era quello di essere ricordato come un venditore fallito, come qualcuno che ogni mese si disperava e arrancava per raggiungere uno stipendio per sopravvivere.

Il mio obiettivo era diverso…

Volevo diventare il miglior venditore in circolazione ed ero convinto che ci sarei riuscito.

Ho quindi sviluppato un metodo, partendo dai principi di PNL che mi ha permesso di avere un importante incremento di vendite.

Il mio metodo di vendita

Adesso voglio condividerlo con te, quello che ti chiedo è di farne buon uso e di applicare tutti gli insegnamenti ogni volta che è possibile.

Non inventare alcuna scusa, assumiti le tue responsabilità e prendi la tua vita in mano. Se non riuscirai ad ottenere risultati sarà solo ed esclusivamente responsabilità tua. Non scaricare la colpa ad altri, sei tu a determinare il tuo successo o il tuo fallimento.

Il metodo consta di 6 fasi:

- **<u>Stato mentale</u>**
- **<u>Stabilire un rapporto</u>**
- **<u>Porre domande</u>**
- **<u>Trovare un bisogno</u>**
- **<u>Collegare la necessità al prodotto o servizio</u>**
- **<u>Chiudere</u>**

Questi 6 steps sono davvero importanti per la riuscita della tua vendita.

Se riuscirai ad applicare consequenzialmente questi passaggi riuscirai a concludere la tua vendita molto facilmente. Devi ovviamente affinare il metodo per renderlo perfetto e aderente con il tuo metodo di comunicazione.

Questa però è un'ottima base.

La prima fase riguarda il tuo stato mentale, devi sapere che **il tuo stato d'animo influenzerà** notevolmente **le tue prestazioni**. Il cliente si accorge se sei positivo, se credi realmente in quel che fai.

Avrai sicuramente notato che nelle tue giornate "NO" riesci a vendere ben poco e sembra che tutto possa andare anche peggio.

Questo non è una casualità. Non sottovalutare **MAI** questi aspetti, credi veramente in quel che fai.

Il secondo passaggio è quello di riuscire a **stabilire un rapporto**. Si dice che le persone che si piacciono si prendono. Beh, anche se è solo un detto è proprio vero.

Come fare quindi per piacere alle altre persone?

Utilizza il cosiddetto **<u>Mirroring</u>**, cioè **comportati come uno specchio** nello stesso modo in cui ti comunica la controparte.

Utilizza il suo tono di voce, quindi se lui utilizza un linguaggio giovanile fallo anche tu, se utilizza u linguaggio che mantiene le distanze fallo anche tu. Imita la sua respirazione questo ti permetterà di entrare meglio in connessione con lui.

Infine, le **parole chiave** sono necessarie. Nel tuo linguaggio utilizza sempre delle parole propositive, che spingono il tuo cliente a compiere un'azione. Evidenzia quindi i vantaggi e tutto quello che potrebbe perdere se non facesse quell'azione.

Il passaggio successivo è quello di **porre delle domande in maniera intelligente**, ti servono per iniziare a parlare la lingua dei tuoi clienti. In questo modo puoi iniziare a scoprire quali sono i loro meta-programmi di cui ti ho parlato nel quarto capitolo.

In seguito dovrai trovare il **bisogno del cliente**. Non riesci a trovarlo? Beh, ti do una notizia, forse è meglio fermarti e cercarne un altro. Se non puoi soddisfare alcun bisogno il cliente non comprerà mai alcun tuo prodotto o servizio.

Adesso una volta che avrai identificato il bisogno del tuo cliente dovrai **associare a questo il valore che può offrire il tuo prodotto o servizio** che stai vendendo.

Puoi utilizzare frasi come:

"Cosa accadrebbe se…"

E continuare spiegando **il lato negativo che deriva da una mancata scelta** del tuo servizio.

Puoi utilizzare anche delle cornici di contrasto, cioè distinguerti dagli altri prodotti o servizi utilizzando frasi come:

"Rispetto a…"

Ti consiglio di giustificare **i vantaggi e la superiorità**, quindi i punti di forza, del prodotto o servizio che stai andando a vendere.

Immagina di essere un Pr che lavora per una piccola discoteca che è l'unica ad offrire il servizio di open bar.

Quando andrai a convincere le persone non parlerai sicuramente della grandezza della discoteca o dei dj che suonano al suo interno perché ci sarà sempre un'altra che offre un servizio superiore.

Quello che dovrai fare sarà quindi trovare tutti quei potenziali clienti che vanno in discoteca per bere e apprezzano molto i cocktail. Una volta che capirai che questo è il loro bisogno da soddisfare potrai proporre la tua offerta di valore, cioè l'open bar. In questo modo la tua proposta sarà percepita come perfetta, come la proposta ideale!

L'ultimo step assolutamente non da sottovalutare è la **chiusura dell'accordo.**

Quando arrivi alla fase finale della trattativa con il cliente è importante che questo **compia l'azione richiesta.** Nel momento in cui richiedi di compiere un'azione e lui tergiversa, prende tempo oppure rimanda ad un secondo momento, rischi di perderlo definitivamente.

Quello che ti consiglio di fare in questi casi e ritornare indietro e cercare di **capire qual è il vero problema** che lo sta fermando in quel momento e cosa è andato storto nel tuo processo di vendita.

Una volta che sei venuto a conoscenza di cosa ha bloccato la sua azione puoi distruggere quell'idea limitante. È importante quindi prepararsi anche un testo delle obiezioni da utilizzare nel momento in cui il tuo cliente espone dei dubbi.

Nel processo di vendita devi coinvolgere anche le emozioni dell'acquirente, deve essere trasportato nella tua proposta e preso dal momento deve procedere all'acquisto.

Ovviamente devi offrire un prodotto adeguato alle sue esigenze in modo tale che lui non si penta e tu possa ottenere un feedback positivo.

Semplicemente le persone spesso non sanno cosa vogliano, qui deve entrare in gioco la tua bravura, devi riuscire a riconoscere i loro bisogni per offrire una soluzione che possa soddisfarli.

I clienti cercano te, cercano persone positive che risolvano i loro problemi.

Nel momento in cui risolverai il problema di un cliente con il tuo servizio o con il tuo prodotto venduto, questo potrà portarti altri suoi amici che hanno lo stesso bisogno.

Se il tuo obiettivo è quello di soddisfare il cliente con cui interfacci, puoi avere davvero dei grandi risultati.

Prima di qualsiasi processo di vendita è importantissimo conoscere i punti di debolezza e di forza del prodotto o servizio che vai ad offrire.

Devi essere cosciente di quelle che sono le mancanze e puntare il discorso su quelli che sono i punti di forza.

Ti faccio un altro esempio…

Ritorniamo al Pr di prima che deve convincere le persone ad acquistare i biglietti per la discoteca in cui lavora. In questo caso la discoteca ha la stessa grandezza di altre però a differenza di quelle più famose NON ospita dj conosciuti.

Questo può essere un punto debole perché le persone preferiscono andare a ballare nelle discoteche dove c'è un ospite celebre.

C'è un modo per trasformare questo punto debole in un punto di forza?

La risposta è ovviamente: SI

Puoi infatti cercare di convincere a venire nella tua discoteca tutte quelle persone che amano divertirsi e vogliono il loro spazio per ballare. Puoi quindi evidenziare il punto debole delle altre discoteche con ospiti internazionali, cioè che c'è poco spazio per ballare, si suda, si sta stretti, hai poca opportunità di parlare con altre persone.

Nella tua discoteca invece offri lo stesso genere di musica, spazio per ballare e per divertirsi, un ambiente misto dove c'è una scrematura all'ingresso e sono 50% uomini e 50% donne, in modo da garantire a tutti una piacevole serata.

Hai appena trasformato il tuo punto debole in un punto di forza. Ti posso assicurare che se lo comunicherai al meglio ai tupi potenziali clienti riuscirai ad ottenere una marea di vendite.

Ovviamente questo discorso è replicabile in ogni business.

Utilizza al meglio la tua mente, sarà il tuo più importante alleato che ti permetterà di vendere molto di più e ottenere i risultati che hai sempre desiderato.

Se vuoi una vita diversa, devi iniziare a compiere azioni diverse, devi agire ragionando. Le azioni sono la conseguenza dei tuoi pensieri. Avere pensieri positivi ti permetterà di compiere azioni positive che ti possono permettere di instaurare una routine che ti può portare molti benefici.

"Non ho mai lavorato un solo giorno della mia vita senza vendere. Se io credo in qualcosa, la vendo, e la vendo accanitamente." - Estée Lauder

La leadership e la PNL

La PNL è una disciplina che molti leader in diversi settori applicano giornalmente. Le più grandi aziende di successo hanno dei leader a loro capo che hanno un modo di agire molto simile.

Ti sei mai chiesto perché esistono dei leader di alcune aziende nel mondo che tutt'oggi vengono ancora ricordati non solo per i loro risultati ma anche per il loro modo di agire?

Per creare un ambiente positivo e trascinare i tuoi collaboratori o dipendenti a dare il massimo non bastano gli incentivi, non è sufficiente pagarli di più, questo ha solo un effetto di breve periodo.

Per essere un ottimo leader **devi creare attorno a te un ambiente che creda realmente in quel che fai** e nel progetto dell'azienda. Non è impossibile però ci sono dei piccoli accorgimenti che dovresti adottare per ottenere maggiori risultati.

In Italia uno dei più grandi leader è stato Ferrero, che ha creato l'omonima azienda che oggi è gestita dai suoi figli.

Chi non ha mai assaggiato un prodotto Ferrero?

Ogni persona nel mondo almeno una volta nella vita ha assaggiato la Nutella.

Ferrero nel corso degli anni ha condiviso la sua visione con i suoi dipendenti, cioè la volontà di creare un prodotto alimentare unico, che si potesse contraddistinguere da qualsiasi altro e che potesse essere apprezzato sia dai bambini che dagli adulti.

In seguito è stato sempre vicino ai lavoratori offrendo degli incentivi per le lavoratrici-madri, pagando l'istruzione ai figli dei dipendenti, concedendo premi e così via.

Ha creato un ambiente positivo dove ogni membro dell'azienda si sentiva parte della famiglia.

Casi come quello di Ferrero in Italia e nel mondo ce ne sono tantissimi. Il lavoro di questi leader non è solo finalizzato all'ottenimento del mero profitto ma vogliono creare un vero e proprio impatto sulla comunità, vogliono che i dipendenti siano realmente felici di lavorare per loro.

Perché è importante avere dei dipendenti o collaboratori che siano felici?

Le persone quando sono in **uno stato mentale positivo** riescono ad ottenere **più risultati,** ad essere più produttive, a fare la differenza. Avere il giusto asset mentale non solo è molto importante per il lavoratore ma anche per tutto l'ambiente.

Una sola persona che ha pensieri negativi potrebbe rovinare il morale di tutti gli altri. Questo aspetto non è da sottovalutare.

Con i consigli della PNL potrai coinvolgere al meglio i dipendenti e condividere la tua mission, il tuo obiettivo con loro. In questo modo non crederanno di essere "delle macchine" ma si sentiranno maggiormente coinvolti.

Consigli per essere un buon leader

Ho applicato con i miei collaboratori questi consigli e ti dico che l'ambiente di lavoro è migliorato davvero tanto.

Quindi come ti ho già detto, il primo passaggio è quello di **condividere una visione**, cioè ogni dipendente deve avere ben impressa l'immagine di una destinazione. Tutti devono sapere qual è il punto di arrivo che l'azienda vuole raggiungere.

Parteciperesti in una gara dove non sai dov'è il traguardo? Probabilmente no, beh avviene lo stesso in qualsiasi attività.

Deve essere evidente a tutti qual è lo scopo che si vuole raggiungere, di cosa hai bisogno e come gli altri possono rendersi utili per raggiungere questo scopo comune.

Una volta condivisa la visione ed il tuo scopo devi creare un ambiente sano, devi **proteggere la cultura aziendale**.

Ricorda che…

Una persona negativa può influenzare l'umore di tutte le altre.

Se ci sono degli elementi nel tuo team che non si adattano alla mentalità e alla vision aziendale è preferibile licenziarli o allontanarli piuttosto che tenerli in squadra.

Stai **ATTENTO**…

Anche persone che riescono ad ottenere dei risultati nel loro lavoro con il loro atteggiamento negativo possono influenzare il rendimento degli altri. Devi agire con un'ottica più ampia, guarda al futuro e come la situazione si potrebbe evolvere.

Ovviamente non è sufficiente avere una visione per un buon leader ma è altrettanto importante **un piano** che permette di attuarla. Devi avere quindi **una tua strategia** che ti permette di affrontare talvolta anche delle scelte difficili ed impegnative.

È importante che tu ti possa circondare anche di **persone giuste**. Persone in cui credere, a cui dare fiducia, che si concentrino sugli obiettivi e che non abbiano problemi a dire la loro opinione senza creare conflitti che possano offendere altri.

Questi sono i veri valori di una persona che devi prendere in considerazione nel lavoro.

Ricordati poi la differenza tra **autorità e responsabilità**. Non hai bisogno di imporre i tuoi ordini agli altri, ogni membro del tuo team deve prendere le responsabilità delle proprie azioni.

Solo circondandoti di persone che credono realmente in quel che fanno e nelle loro scelte puoi raggiungere prima gli obiettivi aziendali.

Ricordati di applicare anche la cosiddetta **regola del 3**. Devi cioè indicare quali sono i 3 risultati chiave da raggiungere in un anno, in un mese, in una settimana e in un giorno.

In questo modo tutti i dipendenti sapranno quali sono gli obiettivi da raggiungere, la loro vision giornaliera sarà più chiara e cercheranno di contribuire al meglio.

Ricorda che…

La leadership è rischiosa. Probabilmente ci saranno delle volte che fallirai. Fa parte di ogni impresa, non tutte le tue idee possono portare a dei risultati positivi.

Cerca di apprendere dai tuoi errori e procedere sulla tua strada.

Ti consiglio di dare importanza a quel che fai ma allo stesso tempo di non prenderti troppo sul serio. Non servirà a nulla punirsi per ogni errori commesso.

Queste semplici linee guida che ti ho indicato dovrebbero essere applicate in ogni settore, in ogni azienda tuttavia spesso e volentieri non è così.

Ci sono dipendenti che nonostante lavorino da anni in un'azienda non conoscono quali sono gli obiettivi, la vision, non sono a conoscenza neanche della strategia.

Una persona che si muove senza sapere dove andare quali risultati può portare in azienda? Solo ed esclusivamente negatività e frustrazione.

Se questi sentimenti negativi non emergono nei primi momenti successivamente arriveranno. È la natura dell'uomo. Per superare queste situazioni e diventare un buon leader basterebbero dei piccoli accorgimenti da adottare ogni giorno.

Ricorda che la maggior parte delle società sono gestite da capi e non da leader.

La differenza è che il capo imporrà ai propri dipendenti di compiere una determina azione, di avere una certa tipologia di comportamento, non chiederà il loro parere e anzi se qualcuno oserà dire la sua verrà punito. L'azienda che si sviluppa in un ambiente distruttivo di questo tipo è destinata a fallire.

Spesso in molti credono che il potere o il denaro possano accecare la visione di una persona. Non è assolutamente così, sono cose distinte.

Ci sono imprenditori che gestiscono miliardi di euro ma nonostante tutto hanno sempre la loro visione e si comportano sempre allo stesso modo con i loro dipendenti.

Quando manca un'etica in azienda non ci sono le basi per costruire qualcosa di positivo nel futuro.

Molti imprenditori però non si rendono conto di questo e spesso formano dei team composti da mercenari che decidono di lavorare per il miglior offerente. Queste persone non si faranno alcun problema ad abbandonare la barca nei momenti di difficoltà, quando ci sarà bisogno di loro.

Devi circondarti di persone che oltre alle loro competenze abbiano alti valori umani, cerca di capire quali sono le loro esigenze e di soddisfarle, trova un punto di incontro sempre. È questo quello che fa un leader.

Il tuo esempio devono essere tutti quei leader che ottengono grandi risultati rispettando allo stesso tempo i loro dipendenti e credendo nelle loro abilità.

"Se le tue azioni ispirano gli altri a sognare di più, imparare di più, fare di più e diventare di più, sei un leader." - John Quincy Adams

Conclusioni

Siamo giunti all'ultimo capitolo di questo libro. Ti ho fornito tutte le informazioni che puoi applicare in ogni ambito della tua vita per ottenere dei drastici miglioramenti.

Ricorda che la pratica è alla base di tutto. Inizia ad applicare continuamente questi insegnamenti per vedere i primi risultati dopo poco tempo.

Conserva quello che hai imparato in questo libro come un tesoro. Queste sono informazioni che molti uomini non conoscono perché non si informano, non leggono, non crescono professionalmente.

Per essere un ottimo venditore infatti devi essere allo stesso tempo un gran leader, devi avere ottime capacità comunicative e devi conoscere il funzionamento della mente tua e delle altre persone.

Adesso ti do un consiglio…

Rileggi alcune delle pagine di questo libro e metti in pratica anche una sola parte delle informazioni di cui sei venuto a conoscenza. Se vuoi raggiungere risultati diversi nella tua vita, devi cominciare dal tuo cambiamento.

Cambiare non significa soltanto pensare in modo diverso ma anche agire.

Se hai comprato un libro di questo tipo probabilmente quello che stai facendo in questo momento nella tua vita non è quello che ti soddisfa. Vuoi attuare un cambiamento, un qualcosa che finalmente possa dare una direzione giusta ad essa. Devi intraprendere il percorso che ti permette di essere sereno, felice, soddisfatto di quel che sei.

Diventa quindi necessario cambiare le tue abitudini, proprio per questo ti invito a rileggere il 5 capitolo che potrebbe rilevarsi davvero importante per il tuo cambiamento.

Compiere nuove azioni probabilmente inizialmente ti porterà in una situazione di disagio ma in seguito raggiungerai una nuova dimensione in cui ti sentirai più libero di esprimerti, di essere te stesso, avrai finalmente superato ed abbandonato tutti i tuoi preconcetti e le tue convinzioni che ti hanno solo causato problemi in questo momento.

Questi sono i cosiddetti limiti mentali di cui te ne ho parlato nei primi capitoli citandoti Bob Proctor.

Fai attenzione a capire cosa c'è che non va nella tua vita, cosa c'è di sbagliato, cosa vuoi realmente migliorare. Agire su qualcosa che in realtà non ti crea problemi potrebbe portarti a non ottenere alcun risultato.

Quindi prendi tempo e analizza quel che non ti soddisfa, sono convinto che tu sappia perfettamente cos'è. Quindi concentrati e scava nel tuo profondo.

Ora ti consiglio di fare solo una cosa…

Liberati da tutte quelle abitudini che hanno limitato e continuano a limitare le tue azioni. Questo lo puoi fare fin da subito se davvero ne sei convinto!

Allontanati da tutte le persone negative che ti circondano. Non portano niente di positivo alla tua vita, so che all'inizio potrebbe essere difficile ma io lo dico per te, solo in questo modo potrai sentirti più libero e pieno di energie. Queste persone nella maggior parte dei casi infatti si comportano come delle vere e proprie sanguisughe, ti risucchiano tutta la tua energia vitale affondandoti con i loro problemi.

L'unica cosa che puoi fare quindi in questo momento è prendere una decisione e decidere finalmente dove andare, cosa vuoi davvero fare nella tua vita e come vorrai essere ricordato un giorno.

Se tu oggi morissi le persone cosa penserebbe di te?

Come descriverebbero la tua vita?

Prenditi del tempo e dai una risposta a queste domande.

Potrebbe essere un momento pesante, vero? Non ti senti soddisfatto, c'è qualcosa che non va…

Ora pensa come potresti essere descritto dagli altri nel momento in cui riuscissi a compiere davvero qualsiasi cosa che sogni…

Sarebbe tutto molto più bello probabilmente, inizieresti a guardarti anche con occhi diversi, ti sentiresti diverso.

Recupera quelle sensazioni positive, immagina di essere già quella persona che ha raggiunto quegli obiettivi nella sua vita e inizia a comportarti di conseguenza. Non ti manca nulla per essere felice, puoi riuscirci da solo!

Questo libro per te è un diamante prezioso che deve essere il punto di partenza per la tua svolta di vita e professionale.

Ti chiedo solo un favore…

A me non cambia davvero nulla se tu lo applichi o meno ma lo dico davvero per te, non tenerlo riposto in un cassetto, non far prendere polvere a questo libro ma consultalo ogni volta che ne hai bisogno.

Spero che adesso tu abbia capito che i tuoi limiti sono quelli che ti poni, sono quelli che provengono dal tuo inconscio. Spingiti quindi oltre le tue paure, oltre i tuoi limiti, oltre tutto quello che temi, tu sei di più, molto di più!

Con una visione esterna, allontanandoti da quel che provi in un determinato momento, ti renderai conto che la maggior parte delle tue paure sono stupidi.

Il vero problema è che gli uomini si fanno abbindolare dalle loro paure per molto tempo e diventano sempre dei mostri più grandi. Quello che devi fare è affrontarle!

"È bello morire per ciò in cui si crede; chi ha paura muore ogni giorno, chi non ha paura muore una volta sola." – Paolo Borsellino.

Ti consiglio di aprire gli occhi e prendere esempio da coloro che hanno già avuto successo nella vita in quella determinata area in cui vuoi migliorare.

Se vuoi migliorare nelle vendite ad esempio ispirati ai più grandi venditori di sempre, a coloro che hanno fatto la storia di questo lavoro o anche semplicemente qualcuno che ha raggiunto grandi risultati.

In fin dei conti quando decidi di iscriverti in palestra aspetti di incontrare un personal trainer con un fisico allenato e definito che ti possa seguire e far migliorare il tuo aspetto.

Ti fidi ciecamente di lui e cerchi di copiare i suoi atteggiamenti perché lui ha raggiunto risultati molto positivi in quell'area. Allo stesso modo dovrai comportarti nelle altre aree.

A volte ottenere ottimi risultati è molto più semplice di quanto tu possa pensare. Non credere di essere il migliore di tutti, di fare tutto a modo tuo, ricorda che se tutti coloro che ottengono buoni risultati si comportano in una determinata maniera c'è una motivazione di fondo.

Quello che dovresti fare è quindi trovare un mentore in ogni area della tua vita.

Dalle relazioni al lavoro.

Ora che hai un chiaro obiettivo in mente, che hai trovato qualcuno che ti possa ispirare, hai un forte scopo, realizza il tuo piano d'azione.

Se vuoi raggiungere più vendite, se vuoi essere più convincente, se vuoi avere una comunicazione più efficace devi redigere il tuo piano d'azione e FARE.

Ricorda che ognuno di noi ha i suoi obiettivi, devi fare in modo di raggiungerli, solo in questo modo potrai avvicinarti al tuo scopo ultima.

Una vita trascorsa a lavorare per gli altri, costellata di insoddisfazioni non ha alcun senso viverla.

Tu sei molto meglio, hai tutte le carte in regola per fare la differenza, per vivere la vita che hai sempre sognato. Devi iniziare a mettere per iscritto il tuo piano ed eseguire le azioni che hai indicato.

Pensa a tutto ciò che non va nella tua vita, nel tuo lavoro, nei tuoi rapporti, scrivilo e adesso cerca anche di trovare un'alternativa a tutti questi atteggiamenti.

Supera le tue credenze limitanti, esci finalmente dalla tua comfort zone.

Tutte le cose di cui ti sto parlando in questo libro le ho applicate personalmente nella mia vita. Nel corso del tempo non solo ho ottenuto risultati drasticamente migliori nel lavoro ma la mia vita è migliorata di molto.

Posso dedicare del tempo ai miei affetti, faccio il lavoro che ho sempre amato e sono sereno.

Anche io durante la mia crescita ho sbagliato diverse volte, ho fallito però mi sono rialzato sempre più forte di prima. Ho sempre creduto di poter fare meglio e ci sono riuscito.

Probabilmente anche in futuro cadrò altre volte ma tutto questo non mi abbatterà, anzi mi renderà più forte.

Ogni fallimento è una lezione che ti consente di migliorare alcune sfaccettature della tua personalità.

Ora puoi sviluppare finalmente la tua visione. Voglio che diventi una persona diversa, più grintosa, non affranta dalle sue paure, che abbia una visione di lungo termine e che creda fortemente in sé stessa.

Tu puoi farlo.

Spero che giorno dopo giorno ti renda conto che applicando tutti gli insegnamenti ricevuti in questo libro potrai ottenere degli incredibili benefici.

Questo come ti h detto è solo l'inizio, continua a formarti, continua a leggere, vedere corsi, apprendere nuove informazioni.

Non hai nulla da perdere.

Ricorda l'unica costante nella vita è il cambiamento. Sei destinato a cambiare con il tempo, se il cambiamento sarà negativo o positivo dipenderà solo ed esclusivamente da te!

"Non giudicare ogni giorno dal raccolto che raccogli, ma dai semi che pianti." - Robert Louis Stevenson